# NO MÁS CODEPENDENCIA

*Estrategias De Desprendimiento Saludables Para Romper Patrones. Descubre Cómo Dejar De Angustiarse Con Relaciones Codependientes, Obsesivas, De Celos Y Abuso Narcisista*

Copyright 2019 by _____- Todos los derechos reservados.

El siguiente libro se reproduce a continuación con el objetivo de proporcionar información lo más precisa y fiable posible. Independientemente de ello, la compra de este libro puede considerarse como un consentimiento al hecho de que tanto el editor como el autor de este libro no son de ninguna manera expertos en los temas tratados en él y que cualquier recomendación o sugerencia que se haga en el presente documento es solo para fines de entretenimiento. Los profesionales deben ser consultados cuando sea necesario antes de emprender cualquiera de las acciones aquí aprobadas.

Esta declaración es considerada justa y válida tanto por la Asociación Americana de Abogados como por el Comité de la Asociación de Editores y es legalmente vinculante en todos los Estados Unidos.

Además, la transmisión, duplicación o reproducción de cualquiera de los siguientes trabajos, incluyendo información específica, se considerará un acto ilegal, independientemente de si se realiza por vía electrónica o impresa. Esto se extiende a la creación de una copia secundaria o terciaria de la obra o de una copia grabada y solo se permite con el consentimiento expreso por escrito del Editor. Todos los derechos adicionales reservados.

La información de las páginas siguientes se considera en general como un relato veraz y preciso de los hechos y, como tal, cualquier falta de atención, uso o uso indebido de la información en cuestión por parte del lector hará que las acciones resultantes queden exclusivamente bajo su responsabilidad. No hay escenarios en los que el editor o el autor original de este trabajo pueda ser considerado de alguna manera responsable por cualquier dificultad o daño que les pueda ocurrir después de haber realizado la información aquí descrita.

Además, la información de las páginas siguientes está destinada únicamente a fines informativos y, por lo tanto, debe considerarse como universal. Como corresponde a su naturaleza, se presenta sin garantía de su validez prolongada o de su calidad provisional. Las marcas registradas que se mencionan se hacen sin consentimiento por escrito y de ninguna manera pueden ser consideradas como un endoso del titular de la marca registrada.

# Tabla de Contenidos

**Introducción**............................................................................6

**Capítulo 1: ¿Es usted codependiente?**............................10
    Lo que significa ser codependiente................................ 11
    Codependencia: ¿Y qué? ................................................. 13
    Dependencia vs. Codependencia .................................... 14
    Signos de que usted es el habilitador en una relación de codependencia................................................................... 17
    ¿Está en etapa denegación?............................................. 20

**Capítulo 2: Entendiendo las Personalidades Codependientes**....23
    Decodificación del Habilitador....................................... 24
    Comprensión de la pareja habilitada.............................. 26
    *Casos de Estudio*............................................................ 28
    *Trastorno de Personalidad Narcisista y Boderline* ................. 30
    Trastorno de personalidad dependiente ........................ 32
    5 tipos de Personalidades Dependientes ....................... 33
    Heridas comunes de ambas personalidades.................. 36
    Comprender el estilo de apego ansioso......................... 37

**Capítulo 3: Por el amor de los límites**.............................40
    5 maneras vitales de construir una fuerte autoconciencia........... 41
    "Entonces, ¿dónde exactamente debería trazar la línea?"............ 46
    4 preguntas para eliminar la culpa antes de establecer los límites 50

**Capítulo 4: Desarrollando una poderosa autoestima**.............. 58
    Cómo la alta autoestima puede mejorar su codependencia .......... 61

Deje la Codependencia con estas 22 Afirmaciones de Autoestima ................................................................................... 63
8 ejercicios para desarrollar una poderosa autoestima ................ 66

**Capítulo 5: Romper los patrones destructivos**     **73**
5 maneras de derrotar a los celos intensos ............................. 74
Cómo romper el patrón de abuso narcisista ............................ 79

**Capítulo 6: Estrategias de Destacamento** ........................**93**
9 grandes hábitos que comienzan a sanar la Codependencia ........ 94

**Capítulo 7: El espacio personal y el autocuidado** ..................**106**
6 razones por las que el espacio personal sana a las parejas ....... 106
10 maneras de acelerar el crecimiento personal mientras tiene espacio personal ..................................................... 111
12 ideas de autocuidado para que se sienta como un millón de dólares ...................................................................... 116

**Capítulo 8: Sanando la codependencia para bien** .................**124**
Las lecciones que rompen la codependencia ........................... 126
¿Qué hacer si...? ........................................................... 130

**Conclusión** ...........................................................**137**

# Introducción

A primera vista, las relaciones de codependencia parecen completamente saludables. Parece que hay confianza, cuidado y cercanía - ¿y qué podría ser malo de eso? Mire un poco más de cerca y verá que hay más de lo que parece. Ambos miembros de la pareja parecen tener roles distintos y notará que parecen estar atrapados en un ciclo. Uno de los miembros de la pareja es el cuidador o el "reparador", mientras que el otro recibe un grado excesivo de apoyo que lo frena en su crecimiento personal. Ahora que lo ves de cerca, reconoces este patrón malsano por lo que es; es la codependencia.

Si está en una relación de codependencia, conocerá bien esta dinámica unilateral. Tal vez usted es el facilitador, con la intención de ayudar tanto a su pareja que usted termina haciendo todo por ella - incluso permitiendo que sus hábitos dañinos causen estragos. O tal vez usted es la pareja habilitada, sufre una dolencia, adicción o afección de salud mental, y se encuentra confiando mucho en su pareja para ayudarlo a superar cada día. Hasta ahora, se te ha enseñado a creer que tu comportamiento es indicativo de amor, pero estoy aquí para decirte que estás muy equivocado.

La codependencia es una condición profundamente disfuncional. Cuando se hace cargo de una relación, puede impedir el éxito profesional de la pareja, cortar los lazos con familiares y amigos, causar heridas emocionales o psicológicas profundas y, a la larga, crear resentimientos en la relación. Esto puede resultar en la ruina de la sociedad en cuestión, lo que significa que todo lo que han perdido en el camino fue en vano. Tan pronto como se identifique la codependencia, debe detenerse o se causará este inmenso daño.

En este libro, lo ayudaré a poner fin a sus formas de codependencia para que finalmente pueda estar en la relación saludable y feliz que desea. Lo llevaré de aferrarse a parejas codependientes a personas empoderadas que estén en la cima de sus respectivos mundos. Incluso si ha estado atrapado en este ciclo destructivo durante mucho tiempo, le mostraré cómo dejarlo para siempre.

Me enorgullece decir que soy un codependiente recuperado. Desde que evolucioné de mis hábitos de codependencia hace varios años, he ayudado a muchas parejas codependientes a romper con sus dañinos patrones de relación. Conozco sus luchas mejor que la mayoría de la gente. He estado allí y entiendo el dolor que se necesita - y cómo se siente no saber quién eres, cuando no se te necesita. Soy la prueba viviente de que se pone mejor y que su relación puede sentirse un millón de veces más satisfactoria, amorosa y poderosa, si solo tiene las herramientas y la información adecuadas. Eso es exactamente lo que te daré. En este libro, compartiré todas las ideas que aprendí en mi viaje de codependiente a completamente en el poder. Todo lo que aprendí de la manera difícil, se lo diré simplemente para que no tenga que cometer los mismos errores que yo cometí. Le mostraré cómo transformé mi relación poco saludable y problemática en una asociación poderosa que aún hoy en día sigue prosperando, ¡incluso veinte años después!

Su relación está destinada a prosperar. Pronto, finalmente entenderá lo que eso significa realmente. Ya no se sentirá desesperado y agotado por su pareja. Usted sabrá cómo satisfacer las necesidades de su pareja y, al mismo tiempo, las suyas propias. Usted sabrá cómo darle a su pareja lo mejor de sí mismo, al mismo tiempo que disfruta de ciertas recompensas para sí misma. Por primera vez, su relación tendrá un verdadero equilibrio y experimentarán lo que realmente es amar profundamente, y ser profundamente amados a cambio.

He trabajado con muchas parejas que otros consideraban "demasiado lejos" y todas han visto una recuperación total de sus formas de codependencia. Aquellos que antes se sentían atascados, ahora saben lo que es evolucionar y crecer. La verdad es que romper la codependencia no solo cambia tu relación, sino que transforma toda tu vida. Las personas con las que he trabajado continúan cosechando los beneficios de su trabajo personal hasta el día de hoy. La ayuda que les ofrecí es exactamente lo que le brindaré en este libro.

Codependiente o no, no olvidemos que todos queremos encontrarnos en relaciones amorosas que brinden alegría a nuestras vidas. Esta es una característica común que todos compartimos. Lo que te hace diferente es que te has visto envuelto en hábitos equivocados y patrones disfuncionales. Con mi ayuda, finalmente eliminará estos obstáculos. Puede disfrutar de todo lo que es maravilloso en su relación, mientras deja atrás todo lo que le frustra y molesta.

Este es el primer consejo que te daré: ¡empieza ahora! A medida que pasa el tiempo, las parejas codependientes se vuelven más fijas en sus formas, encontrando más difícil romper su dañina dinámica. Cada momento que desperdicias siendo codependiente es un momento que desperdicias no alcanzando todo tu potencial. ¿Qué se están perdiendo usted y su pareja mientras se aferran a estos patrones destructivos? ¿Qué experiencias o logros maravillosos podrían ser tuyos *ahora mismo* si solo dejaras espacio para que florezcan?

Al pasar a la siguiente página, habrá dado el primer paso para recuperar su vida de la codependencia. Este es un momento emocionante - el final de una era oscura y el surgimiento de un nuevo amanecer donde finalmente estarás libre de los grilletes de la codependencia. Prepárese para el nuevo capítulo de su vida.

# Capítulo 1: ¿Es usted codependiente?

La codependencia es un tema incómodo para muchas parejas y esto se debe en parte a un gran malentendido sobre lo que el término significa realmente. La palabra "codependiente" se usa mucho en el mundo moderno para describir a cualquier pareja que esté muy unida o que pase mucho tiempo juntos. Estas definiciones son, por supuesto, completamente inexactas. La codependencia está muchos pasos por encima de la infatuación o la intimidad. Es mucho más que una mera dependencia o dependencia. La verdadera codependencia hace un gran perjuicio a ambos cónyuges en una relación, manteniéndolos anclados en hábitos insalubres que están arruinando lentamente sus vidas. Ya es hora de que dejemos de usar el término "codependencia" tan ligeramente. Sus efectos pueden ser brutales si no se controlan.

En una relación sana, ambos miembros de la pareja se dan y se reciben mutuamente en igual medida. Tú haces esta tarea, yo haré esa tarea. Tú pagas la cena esta noche, yo prepararé la cena mañana. Puede que no siempre sea tan sencillo como esto y puede haber momentos en que el intercambio esté ligeramente desequilibrado -por ejemplo, durante momentos de estrés, enfermedad o trauma-, pero esto en sí mismo no es insalubre. Esto en sí mismo no es codependencia. Es normal ver esta fluctuación en el tiempo. La vida pasa y no siempre estamos en la cima de nuestro juego. Durante los puntos bajos, la dependencia de nuestra pareja o seres queridos es completamente natural. Por lo tanto, consideremos una pregunta importante: ¿cuándo exactamente la confianza cruza la línea? ¿Cuándo la dependencia se convierte en codependencia?

## Lo que significa ser codependiente

En una relación codependiente, dos personalidades disfuncionales encuentran en cada una de ellas el máximo facilitador. Una pareja necesita desesperadamente a alguien que los cuide y la otra parte siente que su autoestima se basa en cuánto se necesitan. Estas dos personalidades se atraen como imanes. Sin autoconciencia o una tercera parte útil, esto puede hacer un cóctel bastante tóxico - uno que definitivamente no es sostenible a largo plazo. La pareja necesaria asume el papel de "donante" o "salvador", mientras que la pareja necesitada se comporta como una víctima problemática, "quitándole" a la otra pareja y mostrando una necesidad excesiva de cuidados. El donante codependiente responde a esta necesidad de atención con una ayuda o una extensión excesivas de su asistencia.

Esto es diferente de la dependencia diaria en una relación ordinaria porque la codependencia permite que el comportamiento no saludable continúe. Aunque es completamente normal esperar que su pareja recoja los comestibles algunas veces o que cocine una comida cuando usted está exhausto del trabajo, no es normal cuando uno de los miembros de la pareja está actuando consistentemente como ayudante. A veces, el donante puede incluso asumir un papel de padre, asegurándose constantemente de que su pareja está bien y ayudándoles a realizar las actividades cotidianas que deberían ser capaces de hacer por sí mismos. La pareja necesitada se sale con la suya haciendo muy poco mientras que la pareja necesitada hace casi todo. Ambas disfunciones se alimentan mutuamente.

El término "codependencia" solía referirse estrictamente a las relaciones tóxicas de los adictos y sus parejas, pero hoy se ha ampliado para incluir cualquier relación en la que se permita que continúen los comportamientos autodestructivos. Una codependencia puede permitir cualquiera de los siguientes comportamientos:

- dicción a sustancias tales como drogas, alcohol, juegos de azar o cualquier otra actividad compulsiva que cause tensión financiera y otros daños a su vida personal.

- ala salud mental, especialmente síntomas destructivos causados por trastornos de personalidad o depresión.

- nmadurez y otras formas de irresponsabilidad, donde el facilitador siente que no tiene otra opción que aceptar este comportamiento porque no hay manera de cambiar a su pareja y así es como son.

- **endimiento insuficiente,** que puede o no estar relacionado con cualquiera de los comportamientos anteriores. La pareja de bajo rendimiento no está tirando de su peso financiero o renunciando a sus metas personales, y el facilitador permite que esto continúe.

## Codependencia: ¿Y qué?

Aquí hay una pregunta que escucho mucho: "¿Y qué si una pareja es codependiente? Si un compañero se siente satisfecho como ayudante y encuentra a alguien que necesita ayuda, ¿cuál es el problema? ¡Nadie se ve obligado a hacer nada que no quiera hacer! Tal vez estén felices de esta manera ".

Una pareja codependiente puede parecer feliz, pero esta felicidad frágil se basa enteramente en su negación. Cuando una pareja codependiente ayuda en exceso a su pareja, impide que su ser querido crezca emocional y psicológicamente. Se permite que el comportamiento destructivo se desarrolle desenfrenadamente. La relación comienza a funcionar como una muleta, donde la frágil pareja nunca aprende a cuidar de sus propias necesidades. Ya no sienten la urgencia de arreglar sus propios problemas. En cambio, esperan que alguien más se encargue de todo. Cuando una persona es tratada como un niño, pierde su poder y se desconecta de su propia fuerza interior. No se les da la oportunidad de madurar psicológicamente. Esta actitud de necesidad afecta mucho más que su vida romántica; de hecho, es probable que su vida profesional también esté sufriendo. ¡Después de todo, los jefes y compañeros de trabajo son mucho menos comprensivos que nuestras parejas amorosas!

Y las cosas son igual de malas para los habilitadores codependientes. Puede parecer que logran más que sus parejas, pero también están siendo retenidos de su pleno potencial. Los facilitadores sienten que su autoestima está enraizada en la necesidad que tienen y en su capacidad de ayudar - esta es una forma extremadamente poco saludable de determinar el valor de uno. Aquellos con esta mentalidad tienen dificultades para reconocer y vocalizar sus propias necesidades porque constantemente piensan que las necesidades de otros son más importantes. ¿Puede alguien ser verdaderamente feliz si sus necesidades no están siendo satisfechas? Muchas parejas codependientes permanecen juntas a largo plazo, pero al final, los facilitadores a menudo están resentidos y exhaustos por la vida que han vivido sirviendo a otra persona, con poco cuidado de sí mismos.

## Dependencia vs. Codependencia

En una relación amorosa, se espera y es completamente saludable que ambos miembros de la pareja dependan el uno del otro.

¡De esto se trata estar en una relación! Desafortunadamente, muchas parejas codependientes que no ven sus formas disfuncionales piensan que solo tienen una dependencia saludable. Si usted no está bien versado en los patrones de codependencia, puede ser difícil distinguir entre los dos. Para ayudarle a diferenciar entre dependencia y codependencia, comparemos los dos tipos de comportamiento.

## Ejemplo #1

**Dependiente:** La pareja A está pasando por un momento difícil y la pareja B se siente mal por ellos. En un intento de animar a la Pareja A, la Pareja B hace algo especial con la esperanza de que haga una diferencia positiva. B" entiende que no puede cambiar nada, pero quiere al menos traer una sonrisa a la cara de "A".

**Codependiente:** Cuando la pareja A comienza a pasar por un momento difícil, la pareja B siente que necesita ayudar a la pareja "A" a resolver el problema. La pareja B hará todo lo posible para que su pareja se sienta mejor. Cuando los intentos no parecen estar funcionando, la Pareja B comenzará a sentirse inútil, como si no pudiera hacer nada bien. A menos que pueda aliviar el sufrimiento de la pareja A, siente una frustración extrema consigo mismo.

## Ejemplo #2

**Dependiente:** La pareja B quiere pasar un día solo en la naturaleza para desanimarse después de una semana de trabajo agotadora. Le dice a la Pareja A su plan y ella le anima a hacer lo que sea necesario para cuidar de su estado mental. Pasa el día disfrutando de sus propios pasatiempos mientras su pareja se relaja sola. Cuando se reúnen al final del día, se sienten refrescados después de un tiempo a solas y felices de verse.

**Codependiente:** La pareja B necesita angustiarse sola, pero está nerviosa de preguntarle a la pareja A en caso de que ella se lo tome a mal. Cuando finalmente le pregunta a la Pareja A si pueden pasar un día separados, ella se ve triste, pero a regañadientes le permite ir. Mientras están lejos el uno del otro, están ansiosos. La pareja B comienza a sentirse culpable por dejar a la pareja A y piensa que fue una mala idea. Cuando se reúnen al final del día, la pareja A se enfurruña y trata de culpar a la pareja B por irse. Sintiéndose mal, la pareja B siente que tiene que arreglarlo y compensarla.

## **Ejemplo #3**

**Dependiente:** Ambas partes expresan lo que necesitan para sentirse valoradas y atendidas en la relación. Cada persona da a conocer sus pensamientos y sentimientos mientras el otro escucha atentamente y piensa en la mejor manera de satisfacer las necesidades de su pareja.

**Codependiente:** La pareja A expresa sus necesidades mientras que la pareja B escucha atentamente y trata de ayudar. Se considera que la pareja A tiene necesidades más urgentes, ya que su estado emocional es más frágil. La pareja B puede sacar a relucir sus preocupaciones, pero esto se deja de lado porque cree que la pareja A frágil tiene necesidades más importantes. La Pareja A está de acuerdo en que sus necesidades son más importantes.

Puede ser extremadamente difícil para la gente admitir la codependencia. El hecho es que las parejas codependientes a menudo tienen intenciones puras en el corazón; simplemente quieren ayudar a sus seres queridos y aliviar su sufrimiento. Sin embargo, los resultados no son menos contraproducentes. En la mayoría de los casos, la dinámica hace mucho más daño que bien a ambas partes involucradas. Si usted piensa que podría estar en una relación de codependencia, es vital que lo reconozca lo antes posible.

## Signos de que usted es el habilitador en una relación de codependencia

El cuidador o "dador" en una relación codependiente también se llama el "habilitador". Esto se debe a que, a través del cuidado excesivo, están permitiendo el comportamiento autodestructivo de su pareja. Si marca tres o más de las siguientes casillas, lo más probable es que usted sea el habilitador de su relación.

- **Usted se rinde constantemente**

Cuando su pareja necesita o quiere algo, usted siempre se encuentra cediendo y haciendo lo que ellos quieren. A veces se sentirá irrazonable y usted puede incluso resentirse por ello - pero usted continúa cediendo de todos modos. Terminas desechando tus sentimientos para cuidar de tu pareja o para mantener la paz.

- **Usted asume la responsabilidad de sus acciones**

Cuando una pareja necesitada hace algo mal o muestra un comportamiento negativo, un codependiente puede encontrarse asumiendo la responsabilidad por ello. En lugar de ver a su pareja como la única persona culpable, creerán que ellos influyeron en ese comportamiento. Los dadores codependientes constantemente ponen excusas a sus parejas e incluso pueden culparse a sí mismos por ello.

- **Usted realiza tareas simples que deberían estar haciendo por sí mismos**

Es normal cuidar a nuestras parejas, pero ¿con qué frecuencia se te pide que nos ayudes con tareas sencillas que cualquier otro adulto puede realizar sin problemas? ¿Es usted la persona que alimenta a su pareja? ¿Tiene que despertarlo constantemente para que no lleguen tarde a las citas? ¿Termina haciendo las tareas que se suponía que debía hacer su pareja?

- **Siempre estás intentando arreglarlo todo**

No puedes evitarlo. No importa lo que pase, siempre estás tratando de satisfacer necesidades que pueden o no existir. Si su pareja no se siente mejor, usted siente que es su responsabilidad hacer que se sientan mejor. Puede que te encuentres anticipándote a sus necesidades e incluso intentando arreglar algo que no necesita ser arreglado. En cualquier caso, cuando su pareja necesita algo, usted siempre está haciendo todo lo que puede para mejorarlo, incluso cuando no están haciendo nada para ayudarse a sí mismos.

- **Con frecuencia tiene que pedir la aprobación de su pareja**

Por una razón u otra, no sientes que puedes hacer lo que te plazca. Si quieres tomar una decisión por ti mismo o tener algún tiempo libre, sientes que necesitas comprobar si tu pareja está de acuerdo con esto. La razón detrás de este comportamiento es probable que sientas que tu pareja te necesita y la idea de que tu pareja esté sola te hace sentir culpable. Al obtener la aprobación de su compañero, se elimina esta culpa.

- **Usted ve a su pareja como indefensa**

Sea honesto con usted mismo aquí. Imagine que su pareja se queda con sus propios dispositivos durante toda una semana. Tal vez se vaya en un viaje importante a un lugar con una recepción telefónica mínima. Su pareja tendrá que hacer todo por su cuenta y cuidar de sí mismo sin ninguna ayuda externa. ¿Qué tan preocupado te hace este pensamiento? ¿Confía en que su pareja podrá cuidar de sí misma y funcionar correctamente sin usted? ¿Podrán mantenerse alejados de sus malos hábitos, comer y dormir bien, y llegar a tiempo a las citas importantes? Si respondiste no a alguna de estas preguntas, admítelo ante ti mismo: crees que tu pareja está indefensa.

- **uando no cuida a su ser querido ser querido, se siente como una mala pareja**

Al final del día, sigues dando y permitiendo porque la alternativa te hace sentir culpable. Le preocupa que, si establece límites, esto empeorará las cosas para su pareja. Usted siente que su pareja realmente lo necesita y la idea de no ayudarlo con sus actividades diarias es como tirarlo por la borda al mar. Usted está acostumbrado a proporcionar ayuda y cuando no lo hace, se siente como si hubiera hecho algo terrible.

## ¿Está en etapa denegación?

Uno de los principales obstáculos en las relaciones codependientes es la negación. Es un síntoma central de la codependencia. Incluso con el consejo de un experto frente a usted, nada ayudará a su situación si no puede admitir que algo anda mal. Una de las razones por las que se permite que la codependencia continúe es porque ambos miembros de la pareja se niegan a aceptar su ciclo insalubre. Antes de que las disfunciones puedan ser tratadas, es esencial que ambos miembros de la pareja dejen de vivir en la negación de sus malos hábitos o de la gravedad de sus efectos. Estas son las señales de que has estado viviendo en la negación.

- **Descarta sus propios sentimientos e instintos**

Ya ha pasado antes. Ha sentido algo que lo empuja a la cabeza, diciendo: "No debería ser así" o "Esto no se siente bien". En lugar de profundizar en el tema, siempre decides dejar de lado este sentimiento. Se dice a si mismo que no es importante o que el sentimiento es completamente tonto, aunque no es la primera vez que se siente así. Si a menudo tiene que desestimar sus instintos, pensamientos o sentimientos, entonces hay una buena probabilidad de que esté en negación. Si un sentimiento continúa resurgiendo, lo más probable es que su intuición sea correcta.

- **Solo estás esperando el cambio.**

Tal vez usted ha admitido que necesita un cambio. ¿Qué pasa después de esa admisión? ¿Usted y su pareja toman medidas para remediar la situación inmediatamente? ¿O solo te sientas y te dices a ti mismo que cambiará con el tiempo? Confiar en las influencias externas u otras personas para cambiar es otra señal de alerta que está negando, especialmente si ha estado "esperando" durante un tiempo bastante largo. Esto demuestra que has renunciado a tu poder para crear cambios. En lugar de progresar usted mismo, está esperando a que caiga del cielo. Las personas que hacen esto tienden a negar lo mala que es su situación.

- **Todo el mundo ve un problema que usted no ve**

¿Hay personas en su vida que insisten en que su relación es profundamente defectuosa? Cuantas más personas te hayan dicho esto, mayor será la probabilidad de que estén en lo cierto. Si usted no puede ver este problema, probablemente está en negación de su existencia. Cuando estamos atrapados en un patrón disfuncional, a veces puede ser difícil señalarlo. Sin embargo, las personas que están fuera de su relación pueden ver el panorama general. Y las personas que están cerca de usted lo conocerán mejor y lo que es mejor para usted. Si usted constantemente se encuentra defendiendo su relación con amigos y familiares cercanos, existe la posibilidad de que usted esté en la negación de que lo que ellos están diciendo es verdad.

La negación nos protege de una dura verdad. Al fingir que no nos damos cuenta de algo, sentimos que existe la posibilidad de que lo ignoremos y lo eliminemos. Esto no podría estar más lejos de la verdad y, de hecho, la negación puede causar más daño que bien. Si quiere continuar sanando su relación, corte su negación de raíz ahora mismo. El cambio solo llega cuando se enfrenta a la realidad.

# Capítulo 2: Entendiendo las Personalidades Codependientes

Lo que muchas personas no se dan cuenta es que se necesitan dos personalidades dependientes para crear una relación de codependencia. Estas personalidades son distintas, pero tan problemáticas como las demás. Los que están fuera de la relación tienden a culpar a la persona más necesitada, pero el hecho es que no es solo culpa de una persona. Ambas personalidades tienen sus propios rasgos disfuncionales, se manifiestan de maneras muy diferentes. Cuando se juntan, se activan los peores instintos de estas personalidades. El comportamiento insalubre de una pareja es exactamente lo que la otra persona necesita para satisfacer su propio comportamiento insalubre. Así es como comienza el ciclo codependiente y por eso a menudo es difícil de detener.

Para crear una dinámica más saludable, es esencial que las parejas reflexionen sobre sí mismas. A estas alturas, debería estar claro cuál de los dos papeles distintos desempeña cada persona en la relación. Esta identificación es el primer paso. Cuando ambas partes son conscientes del papel que desempeñan en la dinámica, finalmente se puede llegar a una mayor comprensión de lo que cada persona puede hacer para sanar el problema. Es importante que ambas personalidades sean consideradas con igual importancia. Para empezar a progresar, ambas personalidades deben ser estudiadas y comprendidas. Todo empieza contigo.

## Decodificación del Habilitador

En algún momento de la infancia del facilitador, se les hizo creer que sus necesidades son siempre secundarias. En los primeros estudios sobre la codependencia, se creía que las tendencias habilitadoras provenían de crecer con un padre alcohólico, pero hoy en día, los expertos están de acuerdo en que puede haber muchas causas. Alcohólicos o no, estos problemas suelen ser el resultado de un padre necesitado o de otro modo no disponible. Si bien es posible que el facilitador haya sido objeto de abuso emocional o físico, no siempre es así. A menudo, simplemente crecieron en medio de una dinámica familiar altamente disfuncional, y esto puede o no involucrar a un miembro de la familia con enfermedades físicas o mentales. Estos codependientes no recibieron una atención emocional adecuada, por lo que se acostumbraron a que sus necesidades no fueran satisfechas. La mayoría de los niños crecen recibiendo mucha validación positiva; en el caso del facilitador, probablemente no recibieron mucha validación en absoluto. Esto resulta en un individuo que, por defecto, no se siente muy importante. En cambio, han aprendido a encontrar la validación a través de otra persona.

En el caso de un familiar necesitado o enfermo, el facilitador puede haber tenido algunas responsabilidades de cuidado, solidificando así su comodidad al asumir un rol de cuidado más adelante en la vida. Cualquiera que sea la historia de su infancia, una cosa es absolutamente cierta: a los codependientes se les ha enseñado que su valía y su valor están directamente relacionados con lo mucho que agradan a los demás y lo bien que pueden cuidar de los demás. Esta creencia errónea es exactamente lo que crea disfunción en este tipo de personalidad. En un esfuerzo por sentirse dignos y bien consigo mismos, buscarán situaciones en las que ofrezcan algún tipo de ayuda. Los facilitadores más heridos pueden incluso sentir que cuanto más se pierde la causa, mayor es la recompensa. Esto puede llevarlos a relaciones desastrosas, creando traumas severos, y solo empeorando la disfunción. Aun así, muchos de estos facilitadores profundamente heridos continúan tratando de servir, creyendo que el problema es de ellos y no de su pareja. Es un círculo vicioso que solo termina cuando llega la autoconciencia.

Es importante tener en cuenta que algunos facilitadores actúan a partir de problemas de abandono profundo donde sienten que deben hacer todo lo posible para hacer feliz a su pareja, de lo contrario serán abandonados. El "abandono" aquí no significa necesariamente una ruptura. Si el facilitador sufrió la muerte de un padre enfermo, puede que ayude en exceso a su pareja enferma, alimentada por el miedo subconsciente de que tendrán la misma experiencia una y otra vez.

Si usted es un habilitador en busca de recuperación, es vital que averigüe de dónde proviene esta necesidad de sobre ayuda. ¿En qué momento de su vida le enseñaron que sus necesidades eran menos importantes? ¿Quién era la persona cuyas necesidades tenían prioridad sobre las suyas? Una vez que haya identificado este detalle esencial, puede comenzar a separar ese incidente de su relación actual.

## Comprensión de la pareja habilitada

Al estudiar relaciones codependientes, el individuo habilitado puede ser mucho más difícil de decodificar. ¿Por qué? Porque, aunque todos los habilitadores poseen intenciones y finales similares, sus contrapartes habilitadas pueden tener motivos y causas muy diferentes. Muchos crecieron siendo mimados o mimados cuando eran niños, así que empezaron a esperar el mismo trato de otras personas cercanas a ellos. Pero la otra cara de la moneda también es posible, ya que pueden haber sido descuidados cuando eran niños, lo que hace que se vuelvan hacia conductas que buscan la atención. Si fueron mimados cuando eran niños, es posible que no reconozcan la realidad de su situación. Ellos pueden pensar que es completamente normal que los esperen de pies y manos porque así es como han sido tratados toda su vida.

Muchas personas capacitadas sufren de una adicción, una enfermedad física o una condición de salud mental. En lugar de dar pasos hacia la recuperación, se sintieron demasiado cómodos o incluso empezaron a disfrutar de estar en una posición en la que tenían que ser atendidos. Debido a las tendencias de ayuda del facilitador, nunca se les exige que se ayuden a sí mismos. En una persona que sufre de una aflicción física, esto puede significar que se niega a levantarse y recuperar cosas para sí misma, incluso si es plenamente capaz. O pueden empezar a esperar que otros cocinen para ellos, incluso si tienen la fuerza y los recursos para hacerlo por sí mismos. O pueden tomar una licencia prolongada del trabajo, insistiendo en que están demasiado enfermos o enfermos, incluso si todas las pruebas demuestran que están perfectamente bien.

Dado que sus antecedentes pueden variar mucho, es importante examinar su infancia. Observe su relación con sus cuidadores principales. ¿Fueron malcriados de alguna manera o se les descuidó por completo? A continuación, se presentan algunos estudios de casos para ayudarle a comprender mejor los antecedentes de la pareja habilitada.

## Casos de Estudio

Para proteger la privacidad de las personas involucradas, no se han utilizado nombres reales.

- aría recuerda haberse sentido descuidada en su infancia. Su hermano pequeño sufrió un sinnúmero de complicaciones de salud tan pronto como lo trajeron a casa desde el hospital. Naturalmente, recibió más atención de sus padres. Ella recuerda haber estado sola con su niñera durante días mientras sus padres se quedaban en el hospital con su hermano enfermo. Eventualmente, su hermano mejoró, pero la dinámica fue siempre la misma, con él recibiendo mucha más atención que ella. Cuando era adolescente, admite haber exagerado los síntomas de una enfermedad porque quería obtener más atención de sus padres. Este plan tuvo éxito. De repente, sus padres comenzaron a darle la misma atención que le daban a su hermano. Preocupada por volver a ser "ignorada", continuó actuando indefensa y enferma porque aprendió que esta era la mejor manera de hacer que otros la cuidaran. Finalmente, Mary entró en una relación codependiente. Su compañero hizo todo lo posible para ayudarla porque él creía que estaba muy enferma e incapaz de cuidarse sola. Para romper esta codependencia, Mary tuvo que aprender que había otras formas más satisfactorias de recibir el afecto de la gente.

•

esde que Juan tiene memoria, siempre se le ha dado lo que ha querido. Venía de una familia extremadamente privilegiada y nunca tuvo que mover un dedo para hacer nada. Ni siquiera reconoció en qué posición de privilegio se encontraba; solo pensó que era completamente normal. Si necesitaba algo, siempre había un ayudante disponible o sus padres podían pagar fácilmente por una solución. Además de este privilegio, también era hijo único y no tenía a nadie por quien luchar. Su madre, en particular, lo mimaba y a él le gustaba que lo mimaran. Finalmente, entró en una relación de codependencia con una persona que creció cuidando a un padre alcohólico. Naturalmente, ella se convirtió en la facilitadora de John. Ella no le permitía hacer nada, ocuparse de todas sus necesidades mientras él se ocupaba de las responsabilidades financieras con el dinero de la familia, pero nada más. Cuando finalmente tuvieron hijos, la pareja de John se encontró agotada y agotada. Nunca la ayudó con nada y en vez de eso esperaba que ella también lo ayudara a él. Como Juan estaba muy acostumbrado a que una mujer le permitiera estar en su vida, le fue difícil darse cuenta de que tenía maneras codependientes y profundas.

Como se ha demostrado, las parejas habilitadas pueden ser criadas de maneras muy diferentes. Lo que siempre tienen en común, sin embargo, es que se les enseña a equiparar el afecto y el amor con ser tratados como indefensos. En el caso de María, ella comenzó a sentir que la única manera de llamar la atención de sus padres era estando enferma. En el caso de Juan, él sintió que ayudar en exceso y ser mimado *era* amor por la forma en que sus padres, especialmente su madre, lo trataban. En algún momento del camino, las líneas se volvieron borrosas con su cuidador principal.

Para ayudar a la pareja habilitada en su relación, vea si puede identificar dónde se originaron estos sentimientos en su infancia. ¿Su pareja es más una María o un Juan?

## Trastorno de Personalidad Narcisista y Boderline

Cuando se trata del Trastorno Narcisista y del Trastorno de Personalidad Boderline, el abuso emocional y psicológico suele estar presente en el trabajo. Los individuos con estos trastornos de personalidad siempre están en la posición de habilitado, nunca en la de habilitador. La codependencia se vuelve infinitamente más tóxica cuando estas personalidades están involucradas. Los narcisistas se sienten con derecho a una pareja obediente e incluso pueden disfrutar viendo cómo el facilitador tropieza con ellos, tratando de hacer todo lo posible para cumplir con todos sus caprichos. De hecho, un habilitador es el compañero perfecto de un narcisista. El narcisista quiere sentirse especial y como si todo el mundo girara en torno a ellos, y allí el habilitador les está mostrando exactamente eso. El habilitador de un narcisista a menudo se denomina "co-narcisista".

Las personalidades Boderline pueden ser igualmente dañinas para el facilitador; son propensas a sentimientos de traición y abandono. En la personalidad Bordelinde, el habilitador ve a una víctima que finalmente puede salvar. La personalidad Borderline quiere un héroe o salvador y es natural que el habilitador desempeñe ese papel. Desafortunadamente, lo que el facilitador no se da cuenta es que esto es parte del patrón destructivo de la personalidad Borderline. Nunca serán verdaderamente el héroe en la historia porque la Borderline siempre se sentirá traicionada y abandonada por algo. La inestabilidad emocional inherente a este trastorno de personalidad significa que el facilitador nunca tendrá éxito en su intento de salvar. La personalidad Fronteriza tiene asuntos que son solamente su propio problema para resolver - el habilitador debe reconocer esto tan pronto como sea posible.

Es mucho más difícil para alguien con un trastorno de personalidad cambiar. A menos que estas parejas sean conscientes de sí mismos y estén comprometidos con la autotransformación, existe una alta probabilidad de que continúen participando en su patrón habitual. Y con una personalidad Narcisista o Limítrofe, este patrón puede ser altamente destructivo. Si usted es un habilitador de uno de estos tipos de personalidad, reconsidere su participación en la relación o invierta en terapia de pareja.

## Trastorno de personalidad dependiente

El trastorno de personalidad más común que se encuentra en las relaciones de codependencia es -usted lo adivinó- el Trastorno de Personalidad Dependiente. Aquellos con este trastorno de personalidad pueden caer en la posición de habilitador o habilitado. Las personalidades dependientes tienden a sentir ansiedad y miedo cuando están solas. Naturalmente, recurren a otras personas para satisfacer todas sus necesidades emocionales y psicológicas. Sin la aprobación, validación o ayuda de otras personas, los Dependientes se sienten como un pez fuera del agua.

En su forma más severa, las personalidades dependientes pueden tener dificultades para funcionar en su vida diaria sin algo presente. Esto puede llevarlos a eludir sus responsabilidades y volverse completamente pasivos. Cuando se quedan solos, pueden sentirse extremadamente indefensos. Como es de esperar, las personalidades Dependientes toman las rupturas más duramente que el individuo promedio. Pueden sentirse totalmente devastados hasta que encuentran a alguien más que ocupe el lugar de su expareja. Cuando un facilitador sufre de este trastorno, puede ser extremadamente competente mientras está en una relación, pero siente que no tiene sentido si no tiene a alguien.

Este desorden no solo afecta la esfera romántica de la vida del Dependiente. De hecho, todos los que conocen al individuo experimentarán su dependencia. Los amigos, la familia, y tal vez hasta los compañeros de trabajo y los jefes verán este lado de la persona dependiente.

## 5 tipos de Personalidades Dependientes

El reconocido psicólogo Theodore Millon, puede ser acreditado con la identificación de los cinco tipos distintos de personalidades dependientes en adultos. Mientras que todos los Dependientes compartirán rasgos similares, cada tipo mostrará su propio comportamiento y estrategias únicas para obtener lo que quieren. Si usted cree que usted o su pareja tienen Trastorno de Personalidad de Dependiente, vea si puede averiguar de qué tipo son. Es posible tener síntomas que pertenecen a unos pocos tipos diferentes, pero por lo general solo hay uno que domina.

- 
   ### l dependiente inquieto

El subtipo inquieto está forjado con ansiedad e inquietud. Temen el abandono de las personas que los rodean y sienten una intensa soledad cuando no están con una figura que los apoye. Los sentimientos de inadecuación son desenfrenados y a menudo son muy sensibles al rechazo.

- **l Dependiente Inmaduro**

Las personas a cargo de este subtipo tienden a ser infantiles, especialmente frente a las responsabilidades cotidianas. A pesar de ser adultos, les resultará difícil hacer frente a las expectativas típicas de los adultos. El tipo inmaduro necesita una cantidad significativa de "bebé", ya que puede ser ingenuo y carecer de habilidades generales para la vida.

- **l dependiente complaciente**

Este tipo se caracteriza por una benevolencia extrema y, como su nombre indica, una tendencia a ser demasiado acomodaticio. Estos individuos se esfuerzan por complacer a los demás y parecerán increíblemente agradables. Naturalmente, asumen un papel de sumisión y rechazan todos los sentimientos incómodos. Estos tipos pueden ser muy amables y amables con todos los que los rodean.

- **l Dependiente Desinteresado**

El subtipo Desinteresado tiene muchas similitudes con el subtipo Acomodación, pero hay una mayor inclinación a abandonar su identidad individual y fusionarla con la de otra persona. Cuando no se les controla, serán absorbidos por otra persona y vivirán como una mera extensión de ellos. De todos los tipos, es más probable que estos Dependientes parezcan no tener personalidad.

- **l Dependiente Ineficaz**

Al igual que los dependientes inmaduros, los ineficaces no enfrentan bien las dificultades y las responsabilidades. Sin embargo, los inefectivos irán un paso más allá, negándose a ocuparse de cualquier cosa que pueda resultar incómoda. Un cuidador es esencial para que funcionen en la vida. Son propensos a la fatiga y al letargo. Son improductivos y la mayoría de las veces, muy incompetentes. En ocasiones, los Dependientes Ineficaces pueden incluso luchar con sentimientos de empatía y en su lugar ser superados por una apatía general hacia su vida, incluyendo cualquier deficiencia.

No importa el subtipo, todas las personas que padecen este trastorno de la personalidad pueden mejorar con la terapia y el trabajo autónomo comprometido. De hecho, muchas personalidades Dependientes han encontrado niveles saludables de independencia después de un tratamiento suficiente. Si usted siente que su codependencia está ligada a este trastorno, tenga la seguridad de que esta condición no tiene por qué dictar su vida.

## Heridas comunes de ambas personalidades

Todas las personalidades dependientes pueden manifestar un comportamiento variable, pero en su mayor parte, están enraizadas en heridas psicológicas similares. Con la excepción de algunos tipos de Personalidad Narcisista y Boderline, los individuos codependientes tienen baja autoestima e inseguridades fuertes. Al final del día, ambos miembros de la pareja sienten que se necesitan desesperadamente el uno al otro para sentirse completos. La única diferencia es que se necesitan diferentes tipos de comportamiento para lograr esta sensación de culminación - una sensación que nunca dura mucho tiempo porque siempre depende de alguien más para llenar esta necesidad.

Por naturaleza, las personalidades Dependientes tienen problemas para formar y distinguir su propia identidad. No saben quiénes son realmente y tienen un bajo sentido de valor personal. Cuando se les pregunta acerca de sus fortalezas principales, muchos se encontrarán sin saber qué decir a menos que reciban retroalimentación de otra persona. Su defectuoso e incompleto sentido de identidad es exactamente la razón por la que se aferran rápidamente a otras personas. Ellos ven a esta otra persona como una especie de imagen en el espejo. Cualquier incertidumbre que sienten en su interior se resuelve mirando a esta otra persona y fusionándose con ella.

Para eliminar la tendencia de los dependientes a unirse a otra persona, es vital que aprendan cierto nivel de independencia. Deben experimentar el mundo sin una muleta para caminar por su cuenta. Su familia, amigos y parejas deben aprender a darles límites y un nivel saludable de apoyo. Sin desafíos, no pueden mejorar y crecer en su fuerza. La codependencia es una manera rápida y fácil de aplacar una herida profunda, pero nunca es una solución a largo plazo o duradera.

## Comprender el estilo de apego ansioso

Cuando se trata de entender el enfoque que uno tiene de las relaciones, los estilos de apego pueden arrojar mucha luz sobre por qué ciertas personas se comportan de la manera en que lo hacen. En pocas palabras, nuestro estilo de apego nos muestra cómo conseguimos lo que queremos y las estrategias que usamos para satisfacer nuestras necesidades. Nuestros diferentes enfoques están determinados por nuestra infancia, específicamente nuestra relación con nuestro cuidador principal. Si usted tuvo un padre emocionalmente no disponible o uno que lo abandonó de alguna manera, esto afectará la manera en que usted se comporta en todas las relaciones futuras.

El estilo de apego ansioso es uno de los tres estilos dominantes y es el que se encuentra más comúnmente en individuos codependientes. El tipo ansioso se forma cuando un individuo experimenta un trauma durante el período de desarrollo de su vida. Por una razón u otra, su "espacio seguro" fue volcado o destruido. Su sentido de seguridad física o emocional se vio comprometido de manera significativa y puede haber resultado en una ruptura de confianza que alteró su vida. Este incidente traumático probablemente involucró abandono, violencia, abuso emocional u otras formas de trauma.

Como su nombre lo indica, el tipo ansioso ha desarrollado un profundo sentido de ansiedad en respuesta a las relaciones y la intimidad. Lo demuestren o no, hay una hipervigilancia de los signos de abandono alimentados por un intenso miedo a quedarse atrás de alguna manera. Estos tipos anhelan la intimidad y pueden incluso fantasear con la "pareja perfecta" mientras están solteros. En las relaciones, pueden recurrir a la manipulación o a juegos en tiempos de profunda inseguridad. Están más inclinados a ser pesimistas, imaginando el peor resultado, especialmente en lo que se refiere a sus relaciones cercanas.

El tipo ansioso es más propenso a terminar en una relación de codependencia porque tienen tendencia a anteponer las necesidades de su pareja a las suyas propias. Dado que el abandono es visto como el peor resultado posible, ellos naturalmente se esfuerzan por el extremo opuesto. A los ojos del tipo ansioso, la codependencia es un signo de amor profundo e intimidad sin igual. La idea de algo menos los asusta. La codependencia les permite sentir que tienen "pestañas" sobre todo lo que sucede en la relación. Este es un mecanismo para hacer frente a sus problemas de abandono. La cercanía de la codependencia les da la ilusión de tener el control total.

Las codependencias más unidas están formadas por dos personas con el mismo estilo de apego. Cabe señalar, sin embargo, que no todas las personas que poseen este estilo de apego presentarán signos de la misma gravedad. Como con todo, todas las personas están en un espectro. Aquellos con inclinaciones severas de Ansiedad necesitarán trabajar más duro para romper sus patrones destructivos.

Al final del día, sea cual sea el tipo o estilo de apego que posea, las lecciones que se deben aprender son las mismas. Si usted vio su comportamiento o el de su pareja reflejado en estas páginas, no se sienta desanimado por haber sido llamado. Solo concéntrate en las lecciones que tienes a mano y pronto te encontrarás a ti mismo evolucionando desde tus formas codependientes.

# Capítulo 3: Por el amor de los límites

Siempre que las palabras "límites" o "limitaciones" entran en la conversación, siempre se asocia con connotaciones negativas. La gente tiende a pensar que los límites llevarán a alguna forma de privación y que todo disfrute será despojado de sus vidas para siempre. Esto es, por supuesto, una idea ridícula. Los límites nos mantienen sanos y salvos. Son similares a las paredes de una casa, manteniendo una barrera saludable entre lo que es nuestro y lo que está *ahí fuera.* Los límites y las paredes no significan que vivimos en aislamiento o soledad; simplemente significa que empezamos a tener un mejor control sobre nuestros pensamientos, sentimientos y espacios. Sin fronteras, el mundo y nuestras vidas serían un caos. Empieza a ver la belleza de los límites. ¿Le gustaría vivir en una casa sin paredes? Apuesto a que no.

Una cosa clave con la que todos los codependientes luchan es - ¡lo adivinaste! - límites. Su tendencia a fusionar identidades con otro individuo significa que ya no aceptan su independencia. Empiezan a percibir la separación y la individualidad como ideas negativas. Las fronteras son incómodas y difíciles de establecer porque cualquier separación supone una amenaza para su tranquilidad. Ellos lo ven como estar solos indefinidamente en lugar de estar separados por un espacio saludable y temporal. Ya sea que te des cuenta o no, tu relación necesita desesperadamente límites. Evitar las molestias temporales ahora podría convertirse en una frustración duradera en el futuro. Tal vez incluso una relación arruinada. Muchas parejas que permiten que esto suceda miran hacia atrás con pesar, deseando haber sido fuertes cuando más importaba. No dejes que eso te suceda a ti ni a tu relación.

Para comenzar a sanar su codependencia, un paso necesario es comenzar a trabajar en límites más saludables y en la mentalidad que se necesita para hacerlos exitosos.

## 5 maneras vitales de construir una fuerte autoconciencia

Antes de que se puedan establecer límites, es importante que usted reconozca cuáles son sus necesidades y, lo que es más importante, cuáles no se están satisfaciendo actualmente. Esto requiere autoconciencia. Como codependiente, algunas de sus necesidades serán difíciles de admitir. De hecho, es posible que incluso se encuentre en total desacuerdo. Siempre que surjan los impulsos de no estar de acuerdo o de defenderse, considere si esta respuesta está realmente enraizada en sus necesidades o si solo está reaccionando por miedo. Es muy común que los codependientes teman el desafío de la independencia. Sin embargo, para lograr el crecimiento y la verdadera felicidad, es esencial que aceptes este desafío. La autoconciencia lo mantendrá firme y alerta sobre lo que necesita para sentirse completamente satisfecho.

1.

**scriba sus pensamientos**

Trate de hacer el hábito de escribir sus sentimientos y pensamientos. Observe cuando surge una emoción y tome nota de lo que trae esto a colación. Esta vez para concentrarte en tu mente te entrenará para estar más en sintonía con lo que sientes y piensas. A veces no nos damos cuenta porque nunca nos tomamos el tiempo para experimentar realmente nuestro mundo interior. Asegúrate de que lo que escribes no gira completamente en torno a tu pareja. Concéntrate en lo que sientes. Escriba sobre otras esferas de su vida o temas que le interesen en el mundo más amplio. Siéntase libre de escribir en un diario o simplemente en un documento de Word en su computadora. Dondequiera que usted elija escribir, el beneficio es el mismo.

2.

**isualice su ser ideal**

La mejor parte de este ejercicio es que se puede hacer en cualquier lugar, en cualquier momento, y puede tomar tan solo unos minutos. Para obtener los mejores resultados, sin embargo, le aconsejamos que lo haga a primera hora de la mañana o justo antes de acostarse, ya que es cuando es probable que su mente esté menos agitada. Cierre los ojos y empiece a formar una imagen mental de su yo futuro. ¿Cómo es su yo ideal? ¿Qué ha logrado él o ella que le enorgullezca? ¿Cuáles son las mayores fortalezas de su ser ideal? ¿Cómo actúa ante los desafíos de la vida? Ahora, imagine que este yo ideal es realmente a quien estás mirando en el espejo. Ya es su yo ideal. Acepte las fortalezas que desea tener. Ellos ya están en usted esperando ser desbloqueados.

Este ejercicio no solo le da poder, sino que también le permite ver cuáles son sus verdaderos valores. Y lo más importante, te permite reconectarte con tus sueños y tu propósito. No es necesario decir que, mientras realiza este ejercicio, es importante que mantenga todas sus visualizaciones estrictamente sobre usted y que no esté involucrado con su pareja.

### 3.
**ídale a alguien su opinión**

La idea de pedirle a alguien su opinión puede parecer aterradora, pero es una de las mejores maneras de recibir una visión honesta. Asegúrese de elegir a alguien que lo conozca razonablemente bien y en cuya opinión confíe. Además, asegúrese de que la persona con la que hable sea capaz de ser constructiva. Manténgase alejado de cualquier persona en su vida que sea demasiado crítica o poco amable. Puede hacerlo en persona, por teléfono o incluso por correo electrónico. Pregúntele a esta persona cuáles son sus fortalezas y dónde cree que están sus áreas de crecimiento. Cuando recibas esa retroalimentación, piénsalo bien. Acepte sus fortalezas y también mire sus áreas de crecimiento de una manera práctica y sensata. Cuando avance en su crecimiento personal, trate de trabajar en estas áreas lo mejor que pueda.

**4.**

**aga diferentes pruebas de personalidad**

Ya sea la prueba de Myers-Briggs, un análisis FODA o una prueba de eneagrama, trate de divertirse con algunas pruebas de personalidad diferentes. El objetivo aquí es conocerse un poco mejor y solidificar su sentido de sí mismo. Estas pruebas no solo te darán nuevas perspectivas sobre tus atributos de personalidad, sino que también te indicarán fortalezas que quizá nunca hayas considerado antes. Identificar su tipo de Myers-Briggs y Eneagrama le ayudará a poner sus necesidades en palabras, y le darán una idea mucho mejor de dónde necesitará establecer algunos límites. Si descubre que es profundamente introvertido, puede darse cuenta de que el tiempo a solas y la soledad son muy importantes para usted. O tal vez es lo contrario y se da cuenta de que es más tiempo social con los amigos lo que necesitas desesperadamente en su vida. Tenga en cuenta estas necesidades recién identificadas y planee hacerlas una prioridad en su nuevo capítulo no dependiente.

**5.**

**onitoree su diálogo Interno**

Todas las personas se hablan a sí mismas y, aunque no nos demos cuenta, estamos fuertemente influenciados por la manera en que nos hablamos a nosotros mismos. Presta atención a tu diálogo interno cuando te enfrentes a diferentes eventos y decisiones. Cuando haces algo mal, ¿qué dice la voz de tu cabeza? Cuando haces algo bien, ¿te das el aliento positivo que mereces o le das a alguien más el crédito? Tome nota de los patrones en su diálogo interior. Fíjate cuando estás siendo duro contigo mismo.

En vez de menospreciarte por tus fracasos, trata de ser constructivo y muestra compasión. Si puede, piense en una solución en lugar de un desprecio. Si olvidó pagar su cuenta de teléfono de nuevo, no se preocupe por su olvido. Sea amable con usted mismo; quizás ha estado estresado o trabajando duro en otra cosa. ¿Qué puede hacer para evitar que esto ocurra en el futuro? Tal vez podría crear recordatorios en su teléfono o dejar notas adhesivas de colores brillantes en el refrigerador. Trate de pensar en la solución en lugar de en el problema.

## "Entonces, ¿dónde exactamente debería trazar la línea?"

Utilizando las ideas de la sección anterior, es posible que haya tenido algunas ideas para los límites que puede establecer. ¡Te animo a que corras con estos y los hagas realidad! Si aún no tiene ideas claras, no se preocupe. Usted es codependiente y puede que no esté acostumbrado a pensar en términos de sí mismo todavía. Aquí hay algunas ideas de dónde puedes dibujar algunos límites:

1.

**iempo juntos**

En las relaciones codependientes, es muy común que ambos socios pasen una cantidad exorbitante de tiempo juntos. Este es un buen lugar para empezar cuando estás pensando en dónde poner límites. Si se ven todos los días, sugiera pasar uno o dos días separados para concentrarse en sus pasatiempos individuales. Si viven juntos, esto puede significar pasar el día en diferentes áreas y solo verse por las tardes. Si no es realista pasar días enteros separados, considere modificar su rutina diaria para pasar unas horas en un área aislada de la casa.

2.

**areas domésticas**

Es muy común que el facilitador se haga cargo de la mayoría de las tareas domésticas. Después de todo, son las parejas más activas en la relación. Una buena manera de establecer un mayor equilibrio en su dinámica es añadiendo más justicia a sus tareas domésticas. Este aspecto de vivir con una pareja es fácilmente pasado por alto, pero es un gran significante de equilibrio o desequilibrio en la relación. Si usted tiende a hacer la mayoría o todas las tareas, dígale a su pareja que ya no tendrá que soportar la mayor parte de la carga. Insista en hacer la mitad de las tareas cada uno. Si usted está inclinado a ser más gentil con ellos, podría incluso dejarles elegir qué tareas preferirían hacer. Asegúrese de cumplir con este nuevo arreglo dándoles recordatorios frecuentes o colocando una lista de tareas.

**3.**

**alos hábitos**

Este es uno grande en las relaciones codependientes. Las parejas capacitadas siempre tienen algún mal hábito que está creando tensión en la relación. Podría ser algo tan importante como una adicción a las drogas o algo menos importante como la pereza general. Dibujar límites alrededor de los malos hábitos es esencial en una relación de codependencia, especialmente si te está afectando de alguna manera. Sea firme con este límite, pero también piense en maneras de apoyarlos a través de este límite. Si necesitas que tu pareja vaya a las reuniones de AA, considera ser la persona que la lleve a cada reunión. Si quieres que tu pareja consiga un trabajo, ayúdales a buscar trabajo y a preparar un currículum deslumbrante. Si hay pequeños hábitos que le molestan, considere la posibilidad de trazar límites allí también. ¿No le gusta cuando su compañero deja sus calcetines sucios en el sofá? ¡Comience a establecer ese límite!

**4.**

**omunicación verbal: lenguaje y tono**

La comunicación verbal es difícil de dominar y es posible que tu pareja tenga tendencias que realmente te molesten. Tal vez incluso más que eso - tal vez los encuentres hirientes y perturbadores. Si tu pareja te habla de una manera que te molesta, no dudes en decirlo, especialmente si te insultan, levantan la voz, se burlan de ti o te menosprecian en momentos de ira. Los límites en torno a los estilos de comunicación contraproducentes pueden ser más difíciles de implementar ya que estas decisiones se toman de improviso, pero estoy dispuesto a apostar que hasta ahora no has luchado. El solo hecho de llamar y decirle a su pareja que ya no lo tolerará puede ser suficiente para detenerlo.

**5.**

**oma de decisiones y planes**

Si una persona en su relación constantemente toma un papel dominante, es probable que esa persona tome la mayoría de las decisiones. Algunos de estos pueden incluir en qué actividades participar, qué comer, a dónde ir y a quién ver. Si su pareja tiende a salirse con la suya cuando se trata de hacer planes, trate de señalar este hecho. Dibuje límites sobre la frecuencia con la que pueden dominar sus planes compartidos. Sugiera compartir esta decisión o asignar ciertos días a su elección y a la de su pareja. Y si es usted quien tiende a dominar, tenga la fuerza para crear este equilibrio en su relación. Si su pareja se encoge de hombros ante la decisión y le pide que elija cada vez que lo haga, insista en que lo hagan. Pueden estar indecisos, pero más tarde, sabiendo que tomaron esta decisión, los empoderará en su propia vida.

**6.**

**ómo gastar el dinero**

Esta decisión es muy importante. La falta de límites en torno a las finanzas puede generar mucho resentimiento para las parejas que no aprenden a trabajar juntas. En una relación codependiente, existe una alta probabilidad de que un socio gaste más dinero que el otro o lo dedique a algo que sea destructivo para su propio estilo de vida. Tal vez usted tiene una pareja que está gastando todo su dinero en compras y no puede decir que no. O tal vez él o ella lo está usando para pagar por sus malos hábitos. Si el dinero va hacia una actividad o hábito contraproducente, comience a trazar límites aquí. Siempre hay mejores cosas en las que invertir. Mejore su futuro juntos. Piense en todo el dinero que podría haber ahorrado para una nueva casa, un nuevo televisor o incluso unas vacaciones juntos. Únase para establecer límites sobre cómo se gasta el dinero y cuánto; ¡no se arrepentirá!

## 4 preguntas para eliminar la culpa antes de establecer los límites

Cuando las parejas codependientes se enfrentan a la idea de establecer límites, inevitablemente sacan a relucir la culpa que sienten. Todo esto se remonta a la noción malsana de que los límites son poco amables. Las personas codependientes sienten que esto equivale a abofetear a su pareja o a decirle que retroceda. Vamos a aclarar esto ahora mismo: ¡el establecimiento de límites no es un rechazo! Cuando se hace correctamente, no se hieren los sentimientos y todos ganan. La falta de límites puede llevar a que la gente sienta resentimiento o frustración en el futuro - y esto puede hacer un daño real a una relación romántica.

Si bien es completamente normal que las personas codependientes duden a la hora de establecer límites, necesitan reconocer que este sentimiento debe ser superado. Si la idea de establecer límites con tu pareja te hace sentir incómoda, ¡está bien! Esto es solo una prueba más de que realmente eres codependiente. La buena noticia es que esta culpa puede ser eliminada con un poco de autorreflexión. Ahora, ¡vamos a trabajar!

- **¿Cómo es que mi falta de límites me impide alcanzar mis sueños y metas?**

Después de utilizar las sugerencias de la sección "Autoconciencia", piense en el camino entre donde está ahora y las metas que desea alcanzar. Ya sea que se dé cuenta o no, su falta de límites está creando un obstáculo. ¿Cómo se manifiesta exactamente este obstáculo? Esto no tiene que ser el gran sueño de su vida, también puede ser sus metas a corto plazo. Por ejemplo, digamos que usted ha querido empezar a hacer ejercicio para estar en mejor forma. Si usted no está creando límites en cuanto a dinero y tiempo, esto deja menos disponible para alcanzar estas metas. Si usted está comprando a su pareja codependiente cualquier cosa que él o ella quiera, y pasando cada minuto de cada día con ellos, ¿cómo va a permitirse una membresía en un gran gimnasio? ¿Cómo vas a encontrar el tiempo o la energía para empezar a hacer ejercicio? Reflexione sobre lo satisfactorio que sería lograr finalmente estos objetivos. ¿No sería una pena que dejaras que tu relación se interpusiera? ¿Cómo te sentirás más tarde en la vida cuando te des cuenta de que tu oportunidad ha terminado?

- **¿De qué manera me sentiré más positivo después de poner estos límites?"**

Imagínese cómo se sentirá después de haber establecido con éxito estos límites. No tienes que nombrar estos sentimientos si no quieres. Solo experiméntalo mental y emocionalmente. Trata de ponerte en el lugar de su yo futuro. Podrían ser unas semanas o meses más adelante - siempre que sus límites hayan podido cosechar todos sus beneficios. Si está poniendo límites para tener más tiempo para sí mismo, piense en todas las cosas que lograrás con ese tiempo. Imagínese cómo se sentirá al ver lo mucho que ha logrado porque tuvo la fuerza para establecer esos límites. Si está considerando añadir más reglas a la forma en que se gasta el dinero, imagínese tener todo ese dinero extra en el futuro. ¿Qué vas a hacer con él? ¡Piense en las muchas cosas maravillosas a las que puede dedicar su dinero ahorrado! ¡Imagínese tomar unas vacaciones fantásticas con su pareja porque finalmente pudo restringir sus terribles hábitos de gasto!

- **¿De qué manera crecerá mi pareja si pongo estos límites?"**
Piensas que estás ayudando al no poner límites, pero esto no podría estar más lejos de la verdad. Examinemos esa creencia defectuosa por un momento. ¿Qué te hace pensar que estás ayudando al dejar que hagan lo que les plazca? ¿Es porque en ese momento no les estás causando molestias o malestar? ¿Por qué el descontento a corto plazo es el enemigo y no la frustración o insatisfacción a largo plazo? Las personas crecen a través de los desafíos. Como pareja, no es su trabajo eliminar todos los desafíos; es su trabajo asegurarse de que su pareja tenga el apoyo necesario a través de los desafíos de su vida. El apoyo significa estar a su lado sin sacrificar su bienestar.

¿Qué mejorará su pareja a través de estos nuevos límites? ¿Cómo van a crecer? Si usted está tratando de ayudar a su pareja a dejar un mal hábito, piense en el crecimiento que verán una vez que finalmente lo dejen ir. Tal vez tengan mejor salud, más dinero y más tiempo para concentrarse en sus metas. Pueden aprender a ser más pacientes, más empoderados, e incluso pueden empezar a ser una mejor pareja hacia usted.

- **¿Cómo será mi relación más fuerte después de mejores límites?"**

Con las respuestas a todas las demás preguntas en mente, reflexione sobre el impacto general que estos límites tendrán en su relación. Ahora ha identificado las formas en que se sentirá más positivo y el crecimiento que su pareja verá; ¿Qué significa esto para su relación en general? Su relación puede ser cómoda ahora, pero ¿qué pasa si su relación fue empoderadora en su lugar? Imagine lo que podrían lograr juntos.

**Consejos esenciales para establecer límites saludables con éxito**

1.

**gregar límites de la manera más fluida posible**

He aquí un consejo profesional para establecer límites con resultados positivos: entretejerlos a la perfección y no hacer de ellos un gran problema. Un error de principiante que cometen los nuevos fijadores de límites es acercarse al tema con un aire pesado y triste e infundir demasiada intensidad en la conversación. ¡No hay necesidad de tratarlo de esta manera! Si quieres reservar un día a la semana para hacer ejercicio, solo tienes que decir: "Oye, cariño, voy a empezar a concentrarme en ponerme en forma". ¡Me muero por ponerme en forma! Estoy pensando en hacer del sábado mi día de trabajo en solitario. Te va a encantar mi nuevo cuerpo caliente - ¡espera!" Fíjense qué casual y alegre es esto. Al traer nuevos cambios de esta manera, no se siente aterrador y serio. Es solo un pequeño cambio nuevo - ¡no es gran cosa! Es menos probable que tu pareja se preocupe y verás por ti mismo lo increíblemente normal que suena trazar límites.

2.

**se lenguaje positivo**

Si está tratando de sugerir más tiempo separados, *no* diga: "Cariño, creo que necesitamos pasar más tiempo separados. Me está volviendo loco y ya no puedo soportarlo". Este lenguaje negativo y emocional preocupará a su pareja. Recuerde que este no es un evento negativo, sino todo lo contrario. Su relación está evolucionando. Sea positivo y emocionado por su nuevo capítulo. Si estás hablando de tus nuevos límites con tu pareja, infunde en la conversación un lenguaje positivo. Concéntrese en los beneficios que verá en lugar de lo difícil que va a ser.

**3.**

**segure a su pareja**

No hace falta decir que la primera conversación que tengas sobre los límites puede provocar un poco de ansiedad en tu pareja. Espere esto y no deje que lo desanime. Cuando esto suceda, asegúrese y recuérdele a su pareja que la razón por la que quiere estos límites es porque quiere mejorar su relación. ¿Por qué? Porque ama a su pareja y quiere asegurar su felicidad para el futuro que viene. Cuando su pareja parezca preocupada, continúe mencionando este hecho. La inacción es un significante mayor de nuestra apatía en una relación; si usted está tratando activamente de hacer mejoras, esto es evidencia de que realmente se preocupa por el futuro de su relación.

**4.**

**anténgase firme y no vacile**

Dado que los límites son nuevos en su relación, es posible que su pareja se retracte un poco. Prepárese con anticipación para saber cómo responderá. Hagas lo que hagas, mantente firme en tus afirmaciones y no retrocedas. Si usted parece ambivalente o incierto, esto solo aumentará las dudas de su pareja. Manténgase seguro y finalmente convencerá a su pareja de que esta es la mejor forma de actuar. Si su pareja es propensa a la manipulación o a los viajes de culpabilidad, haga preparativos adicionales para estas tácticas. A ver si puedes adivinar cómo se resistirán y conseguirán una respuesta efectiva. Tengan en mente los beneficios de sus límites y no permitan que los arrastren de regreso a sus viejos patrones destructivos.

**5.**

**o haga amenazas**

Si su pareja no respeta los límites que usted ha alineado, es importante que haya algunas consecuencias para esto - pero solo maneje este resultado cuando ocurra. No haga amenazas en previsión de este evento. Por el momento, trate de creer que su pareja tomará en serio estos límites. Tan pronto como las amenazas entran en la conversación, usted comienza a desviarse hacia un territorio emocionalmente abusivo. Es absolutamente esencial que su pareja empiece a hacer cambios por amor a usted y a su relación, y no temer por las consecuencias con las que usted la ha amenazado. Amenazarlos infundirá mucha negatividad en la situación y solo empeorará la codependencia.

**6.**

**nfatice el cambio en ambos lados**

Si desea que su pareja coopere, evite que parezca que es la única persona que necesita cambiar. Recuerde, ambos están co-creando esta situación. Como establecimos en el capítulo anterior, se necesitan dos personalidades para formar codependencia. Incluso si usted siente que su pareja tiene más trabajo que hacer, es importante que usted también asuma la responsabilidad de sus acciones. Diles lo que vas a hacer como parte de este nuevo cambio. Es mucho más probable que su pareja responda positivamente si usted hace que parezca que este es un viaje en el que se están embarcando juntos. No los responsabilice únicamente a ellos.

## 7.

**umpla con sus propias reglas**

Si va a poner límites en su relación, entonces usted también debe respetarlos. ¿Cómo puede esperar que su pareja los tome en serio si usted no lo hace? Es completamente injusto pedirle a su pareja que cambie y luego no hacer su propio trabajo. Si usted está tratando de restringir el hábito de drogas de su pareja, entonces es justo que usted controle su dependencia del alcohol. Una buena regla empírica es tratar cada límite que crees para tu pareja como un límite para ti también. No seas hipócrita. Mantenga el nivel del campo de juego en todo momento y escuche sus propias reglas. Usted ayuda a establecer el tono de la seriedad con la que se pueden tomar sus límites.

## Capítulo 4: Desarrollando una poderosa autoestima

### Un breve mensaje del Autor:

¡Hey! Siento interrumpir. Solo quería saber si está disfrutando el audiolibro de Habilidades de conversación 2.0. ¡Me encantaría escuchar sus pensamientos!

Muchos lectores y oyentes no saben lo difíciles que son las críticas y lo mucho que ayudan a un autor.

Así que estaría increíblemente agradecido si pudiera tomarse solo 60 segundos para dejar una revisión rápida de Audible, ¡incluso si es solo una o dos frases!

Y no te preocupes, no interrumpirá este audiolibro.

Para ello, solo tienes que hacer clic en los 3 puntos de la esquina superior derecha de la pantalla dentro de la aplicación Audible y pulsar el botón "Evaluar y Revisar".

Esto le llevará a la página de "Evaluar y Revisar" donde podrá introducir su clasificación por estrellas y luego escribir una o dos frases sobre el audiolibro.

¡Es así de simple!

Espero con interés leer su reseña. ¡Déjeme un pequeño mensaje ya que yo personalmente leo cada crítica!

Ahora lo guiaré a través del proceso mientras lo hace.

Solo tienes que desbloquear el teléfono, hacer clic en los 3 puntos de la esquina superior derecha de la pantalla y pulsar el botón "Evaluar y Revisar".

¡Introduzca su clasificación por estrellas y listo! Eso es todo lo que necesita hacer.

Le daré otros 10 segundos para que termine de compartir sus pensamientos.

----- Esperar 10 segundos -----

Muchas gracias por tomarse el tiempo para dejar una breve reseña de Audible.

Estoy muy agradecido ya que su revisión realmente marca una diferencia para mí.

Ahora volvamos a la programación estipulada.

La salud general de una relación depende de los dos individuos que la componen. No es su propia entidad. Si eres una persona profundamente insegura, vas a llevar esas inseguridades a tu relación. Si estás celoso mientras estás soltero, también vas a ser un compañero celoso. Estos problemas no desaparecen tan pronto como alguien más aparece en la foto. Esperar que una relación te arregle es otra manera en que se forma la codependencia. Las parejas se aferran unos a otros con la esperanza de que disminuya su confusión interior, lo que los lleva a creer que es la mejor cura. Cuando parece que no funciona, se aferran con más fuerza hasta que el intento se vuelve en contra. Para estar en una relación saludable, usted necesita trabajar en ser un individuo saludable. Una manera de hacerlo es trabajando en su autoestima. Lo creas o no, la autoestima rota es a menudo la raíz de muchas dinámicas de relación defectuosas. Esto no es menos cierto en el caso de las codependencias.

Los consejos y ejercicios en este capítulo contribuirán a un sentido más fuerte de uno mismo y una autoestima más poderosa. Tómese el tiempo para pensar en usted y solo en usted.

## Cómo la alta autoestima puede mejorar su codependencia

Las parejas codependientes tienden a negar la conexión entre la autoestima y la codependencia. Muchos insisten en que su codependencia nace de un profundo amor y compromiso mutuo, pero esto es una ilusión. El amor profundo y el compromiso pueden existir, pero muchas parejas son capaces de sentir lo mismo sin recurrir a patrones insalubres. Una de las mayores diferencias es que las parejas sanas tienen niveles más altos de autoestima. Estas son las mejoras que la autoestima puede hacer en la dinámica diaria:

### Ejemplo #1

**Baja autoestima:** Frecuentemente dudas de ti mismo y te sientes indeciso. Esto resulta en inacción acerca de cómo alcanzar sus metas. Ni siquiera estás seguro de que sean buenas metas. En general, usted se siente sobrecargado de escepticismo acerca de sus elecciones en la vida. Esta es la razón por la que usted confía en que su pareja le dirá qué hacer.

**Alta autoestima:** Cuando se trata de sus objetivos, usted confía en que puede encontrar el curso de acción correcto. Esto no significa que no cometerá ningún error en el camino, pero confía en que, si lo hace, descubrirá cómo solucionar el problema y lo hará en consecuencia. Escuche los comentarios de su pareja, pero nunca permita que sea el voto decisivo, a menos que esté de acuerdo.

## Ejemplo #2

**Baja autoestima:** Parece que haces todo mal. Cada vez que intentas hacer algo nuevo, siempre sale mal y falla. No crees que tienes ninguna habilidad fuerte. Usted prefiere que su pareja haga todo porque usted no puede hacer nada tan bien como ellos. Crees que eres muy incompetente.

**Alta autoestima:** Puede que no lo hagas todo bien todo el tiempo, pero sabes que sigues siendo una persona muy competente. Hay una curva de aprendizaje para todos y siempre lo haces bien con el tiempo. Usted se siente completamente cómodo cuidando de sí mismo y está feliz de compartir tareas u otras tareas con su pareja, ya que sabe que puede manejarlas igual de bien. Nadie es perfecto, pero sabes que puedes hacer cualquier cosa que te propongas.

## Ejemplo #3

**Baja autoestima:** Tienes tanto miedo de estar sola. Esta es la razón por la cual usted no puede implementar ningún límite en su relación; está aterrorizado de que esto cause que su pareja lo abandone. Incluso cuando su pareja hace algo que le molesta, usted se muerde la lengua y se guarda sus sentimientos para sí mismo. Solo quieres complacerlos para que se queden contigo. No sabes quién eres sin ellos y no estás seguro de cómo seguir adelante por ti mismo. Los necesitas desesperadamente en tu vida para sentirte seguro.

**Alta autoestima:** Por supuesto que quieres a tu pareja - después de todo, ¡por eso estás con ellos! - pero estarás bien si tu relación no funciona. Estás en la relación porque quieres a tu pareja, no porque la *necesites*. No tienes ningún problema en ser honesto y poner límites con tu pareja porque sabes lo que necesitas para ser feliz en una relación. Si su pareja no está dispuesta a cooperar, es una clara señal de que no es la persona adecuada para usted. Sabes lo que vales y lo que vales fuera de estar en una pareja. Su relación consiste en dos personas enteras - no dos mitades.

# Deje la Codependencia con estas 22 Afirmaciones de Autoestima

Las afirmaciones positivas son una forma comprobada de mejorar el diálogo personal. Al recitar mantras de empoderamiento, su diálogo interno cambia y todas las tendencias de autosabotaje pueden ser abandonadas con el tiempo. Para ayudar a construir su autoestima y solidificar su confianza interior, trate de hacer que estas afirmaciones positivas formen parte de su conversación personal. La práctica continua reconfigurará su cerebro para sentir instantáneamente una mayor satisfacción personal.

## No Más Codependencia

1.
   odo lo que necesito ya está dentro de mí.
2.
   oy el maestro de mis propias emociones.
3.
   oy superaré los obstáculos con renovada fuerza.
4.
   oy mi propia fortaleza. Yo, solo, tengo el control de lo que entra y lo que sale.
5.
   uedo suministrar fácilmente lo que necesite.
6.
   oy capaz de hacer grandes cosas.
7.
   ejé atrás mis problemas pasados y doy la bienvenida a días más brillantes.
8.
   uedo mantenerme orgullosa y valientemente por mi cuenta.
9.
   stoy abierto y listo para experimentar mi verdadero poder.
10.
   ada paso que doy me lleva al éxito.
11.
   stoy alimentado por mi magia interior.

12.
>   stoy inhalando una poderosa confianza y exhalando dudas sobre mí mismo.

13.
>   oy más fuerte que nunca.

14.
>   stoy completo y soy suficiente.

15.
>   stoy zumbando de brillantez.

16.
>   odo lo que toco se infunde de luz.

17.
>   oy una fuerza imparable.

18.
>   oy una copa desbordante de amor y alegría.

19.
>   oy fuego y estoy ardiendo por delante.

20.
>   l universo me apoya a mí y a todos mis sueños.

21.
>   a belleza está a mi alrededor y la creo dondequiera que voy.

22.
>   oy es el comienzo del mejor capítulo de mi vida hasta ahora.

## 8 ejercicios para desarrollar una poderosa autoestima

Lo mejor de la autoestima es que se puede construir. Lo que sientes por ti mismo ahora no es lo que sentirás para siempre. La única razón por la que tiene baja autoestima es porque su cerebro está acostumbrado a crear pensamientos negativos sobre usted mismo, pero esto no es indicativo de quién eres realmente. Es hora de romper el patrón para siempre y empezar a mirarte a ti mismo con amabilidad. Posees muchas cualidades positivas y es hora de que empieces a reconocerlo.

**1.**

**l diario de las victorias**

Sus días están llenos de victorias. Puede que no se dé cuenta, pero es verdad. La razón por la que no te das cuenta es porque estás esperando que una gran victoria caiga del cielo, pero ¡logras pequeñas y medianas victorias todos los días! Estos merecen ser celebrados también. La cosa es que no es realista lograr una gran victoria todos los días. ¡Nadie hace eso! Para prepararte para una gran victoria, empieza un diario y llénalo con tus pequeñas victorias. Cada día, haga una lista de tres cosas que hizo bien - tanto las ganancias intencionales como las no intencionales. ¿Te has hecho un sándwich absolutamente delicioso? ¿Pasó menos tiempo en los medios sociales hoy que ayer? ¿Quizás le hiciste un cumplido a un extraño y eso los hizo notablemente felices? ¡Todas estas son victorias que hay que celebrar!

**2.**

**ulpe a las circunstancias, no al individuo**

Cada vez que cometemos un error, tendemos a culpar a nuestra personalidad. Esto no siempre es justo. La próxima vez que falle o cometa un error, trate de culpar a las circunstancias. Por ejemplo, supongamos que olvidó recoger los comestibles de camino a casa desde el trabajo. En vez de llamarte olvidadizo o estúpido, trata de llamar a las circunstancias que te trajeron aquí. Atribuya este error a lo ocupado que ha estado últimamente y al estrés que ha estado sintiendo. ¡Te habrías acordado de hacer la tarea si no estuvieras tan cansado! No es quién eres en el fondo. Ahora, es importante no detenerse en el error. Empiece a pensar en soluciones para la próxima vez, en caso de que surjan las mismas circunstancias.

**3.**

**able con alguien que lo haga sentir bien**

La forma en que nos sentimos sobre nosotros mismos está fuertemente influenciada por la gente que nos rodea. Si pasas mucho tiempo con gente que habla negativamente sobre ti o sobre el mundo en general, vas a absorber esta negatividad en tu propia conversación. Si no puedes eliminar a todos los que te hacen sentir mal contigo mismo, asegúrate de pasar tiempo con personas que te hacen sentir bien. Pase tiempo con ellos sin traer a su pareja, si puede. ¿Te hacen sentir raro? ¿Inteligente? ¿Capaz? ¿Perspicaz? Apóyese en estos buenos sentimientos y diviértase con su nuevo amigo. ¡Y reconozca que usted realmente es todas estas maravillosas cualidades que usted siente!

**4.**

   **ctívese**

Activarse puede sonar como una manera extraña de construir la autoestima, pero créalo o no, funciona de maravilla. Cuando vamos de excursión o trotamos un par de millas, nos enfrentamos a pruebas reales de nuestra capacidad para lograr algo. Simplemente estamos haciendo y luego teniendo éxito. Cuando nos sentamos y cocinamos en nuestros propios pensamientos, es fácil que la negatividad y la duda de uno mismo se inunden. Tenemos que acostumbrarnos a *hacer* y luego mirar hacia atrás para ver lo lejos que hemos llegado. Cuando nos ponemos activos, podemos poner distancia a nuestro progreso o admirar la vista desde nuestra meta. ¡Es una gran manera de recordarnos a nosotros mismos de nuestro poder porque lo estamos usando para darnos pruebas! Las endorfinas de la actividad y la oportunidad de salir de la rutina también le darán un estímulo inmediato del estado de ánimo.

**5.**

   **esponda al diablo en su Hombro**

Algunos de nosotros tenemos una relación continua con el diablo en nuestro hombro. No importa lo que hagamos, siempre hay una pequeña voz que nos dice que aún no somos lo suficientemente buenos. Esta voz puede incluso convencernos de que nos mantengamos alejados de cualquier posible riesgo porque fracasaremos o porque no tenemos la capacidad de triunfar. Es probable que hayas escuchado esta voz antes. Sin embargo, apuesto a que normalmente escuchas y te quedas callado cuando lo escuchas. A partir de ahora, no dejarás que esta voz te haga sentir mal. Incluso si te hace sentir loco, responde al diablo en tu hombro. Pelea, si es necesario. Pregúntele qué pruebas tiene para apoyar lo que está diciendo y devuelva las pruebas contradictorias. Piensa en cómo alguien cercano a ti te defendería en esta situación.

**6.**

**antenga una posición de poder**

En un estudio reciente, se descubrió que los participantes que estaban en una postura de poder vieron una disminución en sus niveles de estrés y un aumento en su nivel de testosterona (lo que determina la confianza). Esto no es ninguna sorpresa, por supuesto, ya que el lenguaje corporal es una forma conocida de influir en nuestro propio estado de ánimo. La próxima vez que se sienta sin poder, triste o con poca energía, póngase en una de estas poses de poder durante al menos dos minutos.

- árese con orgullo con las piernas separadas y las manos

apoyadas firmemente en las caderas. Asegúrese de sacar el pecho y enderezar la espalda.

- ecuéstese en su silla y ponga los pies sobre la mesa. Mantenga las manos cruzadas detrás de la cabeza y abra el pecho.

- ecuéstese en su silla con las piernas separadas. Coloque un brazo sobre algo que está a su lado (como una silla) y siéntase libre de hacer lo que quiera con el otro brazo.

Intente evitar las poses de baja potencia evitando cruzar los brazos, doblando las manos o encorvarse en su asiento. Estos tendrán el efecto inverso. ¡Elija una pose de poder y hágalo ahora!

## 7.

### ree un ego alterado

Usar un ego alterado es un método probado para aumentar tu confianza. En un estudio sobre luchadores de artes marciales mixtas, se descubrió que la creación de un alter ego les ayudaba a sentirse y actuar mejor en el ring. Piensa en todas las cualidades que admiras y empieza a construir un personaje que encarne todas estas cualidades. Incluso puedes pensar en un nombre para este personaje, si quieres. La próxima vez que te encuentres en un escenario en el que te sientas tímido o inseguro, interpreta a este personaje. Pregúntese qué diría este personaje si estuviera en esta posición y considere lo que haría, cómo se comportaría, etc. Si estás sacando a este personaje en público, trata de no usar su nombre falso o dales una nueva vida, ya que puede ser incómodo si la gente se entera de que has estado fingiendo. Asegúrate de que sigues siendo tú, pero la versión 2.0 de ti. Para un poco más de diversión, puedes incluso jugar a fingir que este personaje tiene un superpoder. Pero esta vez, es muy importante que no intentes mostrarlo en público.

**8.**

**rátese a sí mismo como a un ser querido**

La próxima vez que te veas hablando negativamente sobre quién eres o qué has hecho, quiero que mantengas esos pensamientos. Ahora, en vez de decírtelas a ti mismo, quiero que pienses en decírselas a alguien a quien amas. ¿Cómo se sentiría si oyera a alguien hablarles así a sus seres queridos? Si te hace sentir enojado o molesto, ésta es la respuesta correcta. Esto debería mostrarle que la auto comunicación negativa tampoco es la manera correcta de hablar con usted mismo. Si quieres criticarte a ti mismo, piensa en cómo criticarías a alguien que realmente te importa. Lo harías constructivo y gentil, ¿no? Tal vez, incluso se tomaría el tiempo para recordarles sus fortalezas. Imagina formar esta crítica constructiva para otra persona y jura que solo te criticarás a ti mismo de la misma manera amable.

# No Más Codependencia

Otra alternativa a este ejercicio es imaginarse a usted mismo hablando negativamente con su hijo. ¿Sabes cómo eras cuando eras pequeño? ¿Un niño pequeño, incluso? ¿Te imaginas hablarle tan negativamente a ese niño pequeño? Apuesto a que al instante empezarías a sentirte mal. Nuevamente, forme una crítica como si estuviera hablando con este niño. Esta es la única manera correcta de criticarse a sí mismo.

## Capítulo 5: Romper los patrones destructivos

Las parejas codependientes aguantan mucho uno del otro y a veces esto incluye muchas tendencias destructivas. Debido a la naturaleza aferrada y habilitadora de las codependencias, estos hábitos y patrones rara vez se tratan de manera adecuada. Cuando el objetivo principal gira en torno a hacer que su pareja se quede sin importar lo que suceda, un montón de comportamiento problemático es barrido bajo la alfombra. Entonces, la negación se instala. Las parejas se sienten demasiado cómodas en la dinámica existente - tan cómodas que se permite que el comportamiento increíblemente poco saludable se vuelva normal. Lo más probable es que su relación también esté llena de malos hábitos que necesitan ser quebrantados. Es posible que usted ni siquiera sea consciente de su impacto y del papel que juegan en alimentar la toxicidad de su relación. No importa cuánto trabajo haga con su mente; si sus acciones no reflejan esa mentalidad evolucionada, derrota todo el propósito del auto trabajo. No hay mejor momento que ahora para acabar con sus patrones destructivos.

## 5 maneras de derrotar a los celos intensos

La naturaleza aferrada de una relación de codependencia significa que ambos miembros de la pareja, naturalmente, tienen miedo de que la otra persona los abandone. Esto a menudo puede resultar en celos intensos. Uno o ambos miembros de la pareja mirarán a las personas que consideran amantes potenciales de su pareja con un escrutinio intensificado. No hay forma de saber quiénes serán estos "amantes potenciales", pero quienquiera que sean, el compañero celoso tirará de su pareja en la dirección opuesta. Cuando los celos están en sobremarcha, esto puede resultar en el aislamiento de ambos miembros de la pareja, ya que esta es la única manera en que pueden asegurar su protección de los individuos que los ponen celosos.

Cuando los celos y la posesividad están en su peor momento, también puede haber celos sobre absolutamente cualquiera que esté cerca de la pareja en cuestión. Estos pueden ser amigos y a veces hasta familiares. La pareja celosa siente la intensa necesidad de ser la única y no quiere que su "especial" cercanía sea rivalizada de ninguna manera. No hace falta decir que los celos en cualquier forma pueden llevar a un comportamiento destructivo, si no se controlan. Mientras que los momentos fugaces de celos son normales, se consideran serios cuando la pareja comienza a tomar acción debido a sus celos. Esto puede ser algo como acechar a esta persona en los medios sociales o tratar de limitar su tiempo con nuestra pareja. Ponga fin a los celos de raíz antes de que rompa su relación.

1.
### Qué pasaría si sus funciones se invirtieran?

Durante los momentos de celos, esencialmente estamos tratando de adivinar cómo se siente nuestra pareja en ese momento. No tenemos ningún hecho, solo suposiciones desinformadas alimentadas por nuestras inseguridades. Estamos tan obsesionados con pensar en nuestra pareja como un "otro" distante que olvidamos que el terrible resultado que estamos imaginando no tiene tanto sentido.

Digamos que estás en una fiesta y hay una persona atractiva en la habitación. Sospecha que su pareja se siente atraída por ellos y su mente se ve invadida por pensamientos horribles en los que le dejan por esta otra persona. En lugar de seguir imaginando este horrible escenario, quiero que imaginen un escenario inverso. ¿Y si hubiera una persona atractiva en la habitación que te atrajera? ¿Qué estaría pasando por tu cabeza? ¿Qué tan probable crees que sería que consideraras huir con esta persona y dejar a tu pareja? ¿Olvidarías instantáneamente a tu pareja en ese mismo instante? La respuesta es probablemente no. Lo que es más realista es que te darías cuenta de esta atractiva persona por un momento y luego seguirías adelante con tu vida. Lo más probable es que esto también sea así para su pareja. La próxima vez que se sienta celoso, pregúntese cómo actuaría si sus papeles fueran invertidos.

**2.**

**tilice su gran imaginación a su favor**

La gente celosa suele tener una imaginación fantástica. Con muy poca información pueden ir a su propio mundo e imaginar el peor resultado. La próxima vez que te imagines lo peor, quiero que intentes lo contrario. Quiero que uses tu imaginación para pensar en el mejor escenario posible. ¡No hay razón para que esto sea menos probable que el peor de los casos! Si su pareja tiene un compañero de trabajo atractivo y usted se está imaginando que se enamoran mientras trabajan juntos en un proyecto, deténgase ahí mismo y dele la vuelta. Imagínate a tu pareja mirando a esta persona y pensando en lo bien que te ves. Este puede ser el momento en que se den cuenta de que "Wow, realmente debo estar enamorado de mi pareja porque a pesar de que esta otra persona es objetivamente atractiva, no me siento atraída por él / ella". ¿Qué pasa si, en cambio, su pareja gasta todo el dinero? tiempo hablando de ti? Estas posibilidades son igualmente probables. ¿Por qué siempre tiene que ser lo peor?

**3.**

**able con su pareja**

A veces no hay mejor solución que hablarlo. Sea honesto con su pareja y dígale cómo se siente acerca de esta otra persona. La gente celosa llega a las peores conclusiones y es solo cuando escuchan la retroalimentación de su pareja que se dan cuenta de lo ridícula que es la suposición. Su pareja puede ser capaz de aclarar que no, no estaba mirando a esa persona porque la estaba mirando, solo pensó que se parecía mucho a su prima. Nunca se sabe hasta que se saca el tema. Su pareja le asegurará que todo está bien y que rápidamente tendrá sus sentimientos de celos resueltos. Hazlo solo cuando tus celos te molesten de verdad, y evita mencionarlo cada vez que lo hagas. Siempre que puedas, debes tratar de manejar tus pensamientos por ti mismo. No confíe en su pareja para que le arregle todo.

**4.**

**cepte que la atracción es normal**

Usted podría tener la pareja más leal del mundo que adora el suelo sobre el que usted camina - incluso esta persona va a encontrar a otras personas atractivas. Así es como estamos biológicamente conectados. La atracción es completamente normal. No puedes detenerlo. Por difícil que sea, tendrás que aceptar esta realidad. En lugar de sentirse herido por este impulso humano, vea si puede modificar su psique para verlo como algo normal. Todo el mundo siente atracción. La atracción no es una elección, es solo otra sensación de calor, frío, hambre o sed. Los sentimientos de atracción no son lo mismo que el amor y ciertamente no son lo mismo que hacer trampa. Mientras su pareja no sea irrespetuosa, no es razón para castigarla.

**5.**

**ecuérdese que los sentimientos son diferentes de las acciones**

La gente celosa se enreda en la atracción como si fuera lo mismo que hacer trampa o coquetear, pero esto no podría estar más lejos de la verdad. Como establecimos en el punto anterior, la atracción es un impulso normal. Cuando te encuentres resentido con tu pareja por su posible atracción hacia alguien, recuérdate a ti mismo que esto no es una acción que estén tomando. Hay una diferencia entre sentir hambre y atiborrarse de comida en un festín. Alguien puede tener sed, pero eso no es lo mismo que tomarse una jarra de cerveza. Recuérdese que su pareja no ha tomado ninguna acción, así que no hay razón para sentirse molesto o celoso.

## 6. Reconozca que sus sentimientos son un reflejo de usted, no de ellos

Lo que la gente no se da cuenta es que sus sentimientos hacia los demás no son indicativos de la realidad de nadie más. Tus celos son, de hecho, un reflejo de tu propia realidad interior y de tus propias inseguridades. Si deseas ser más alto, estarás celoso de la gente alta cuando, de hecho, a tu pareja no le importa en absoluto este factor. Un paso clave para derrotar los celos es aceptar este hecho. Tus sentimientos dicen más sobre ti que nadie. Si te obsesionas con una idea, es probable que refleje mejor tus inseguridades que la sensación real de atracción que tiene tu pareja hacia otra persona.

## Cómo romper el patrón de abuso narcisista

Como establecimos en un capítulo anterior, muchos narcisistas terminan en relaciones de codependencia. Los narcisistas disfrutan encontrando un facilitador y, desafortunadamente, muchos disfrutan haciéndolos doblegarse a todos sus caprichos. Si actualmente estás en una relación de codependencia con un narcisista o te estás recuperando de uno, entonces existe la posibilidad de que hayas sufrido un abuso narcisista. Antes de comenzar a romper el patrón, es importante que comprenda cómo funciona el ciclo narcisista:

- 

**ETAPA UNO - El Pedestal**

Cuando un narcisista está obteniendo lo que quiere o satisfecho con la forma en que lo trata, responderá colocándolo en un pedestal. En esta etapa, puede ser casi difícil creer que el narcisista es verdaderamente un narcisista. Parecerán tan dulces y cariñosos, quizás incluso atentos, como intentan ocultar lo mejor de sí mismos su lado oscuro. Por un corto tiempo, te sentirás como si estuvieras en la cima del mundo, como si tu compañero narcisista realmente te apreciara. Es importante recordar que solo están siendo tan amables contigo porque están obteniendo lo que quieren. Su objetivo es animarte a que continúes dándoles lo que quieren.

- 

**SEGUNDA ETAPA – La "Traición"**

Tan pronto como el narcisista deje de actuar *a* su manera, verás un lado completamente diferente de ellos. Pueden empezar a sentirse victimizados, amenazados o simplemente ofendidos. Con frecuencia, el desencadenante puede parecer completamente inofensivo, aunque usted comenzará a reconocer los desencadenantes comunes cada vez. Todo se reduce a lo que amenaza su visión de que ellos son el centro del mundo. Esto puede variar ligeramente con cada narcisista. Esta traición percibida los empujará al modo de ataque y puede llevar a mucho abuso verbal, mentiras, manipulación, acusaciones y otras formas de abuso emocional. Aquí es donde el narcisista está en su peor momento, tratando activamente de dominar y forzar a la otra persona a someterse.

- 

**ETAPA TRES - El Descarte**

La forma en que el narcisista actúa en esta etapa depende de la respuesta que reciba en la segunda etapa. Si lo encuentran aceptable, dejarán de ser agresivos. En cambio, puede haber juegos mentales como el tratamiento del silencio. Sin ser agresivo o abierto, el narcisista comenzará a plantar las semillas de la primera etapa de nuevo. Si el narcisista no está contento con la forma en que respondiste a ellos (y a veces no se sabe qué es lo que va a desencadenar esto), te descartarán, todo por no aguantar su terrible comportamiento. Harán esto mientras te hacen parecer el villano mientras que ellos son, por supuesto, la víctima. No importa lo razonable que seas en este momento, el narcisista está decidido a hacer una salida dramática. Las parejas que aún no están acostumbradas al ciclo encontrarán esta etapa muy desgarradora ya que pueden pensar que están perdiendo al narcisista para siempre.

- 

### CUARTA ETAPA - El Regreso

Si le das una oportunidad al narcisista, volverán arrastrándose. Una vez que terminan de remover el drama, el narcisista tratará de fingir que nunca lo hicieron o dijeron algo terrible. Esperarán que tú también intentes dejarlo pasar. Si los perdonas y les permites que se salgan con la suya, empezarás de nuevo en la primera etapa, donde el narcisista comenzará a ducharte de nuevo con afecto. Esta etapa final es crucial ya que determina si el ciclo continúa o si finalmente mejora a partir de aquí. Es en este punto que el habilitador del narcisista debe pensar en establecer algunas reglas reales.

Ahora que hemos establecido las cuatro etapas del ciclo narcisista, podemos finalmente trabajar en las lecciones esenciales que todos los facilitadores deben aprender.

1. 
#### ntienda que usted está a cargo de romper el ciclo

No se equivoque, si quiere cambiar la forma en que se desarrolla este ciclo, depende de usted tomar medidas y exigir mejoras. El narcisista no hará ningún cambio por su cuenta. Seguirán por el mismo camino porque siempre les ha funcionado. No tienen un nivel lo suficientemente alto de empatía como para cambiar por sí mismos por el bien de tu felicidad. Su prioridad es conseguir lo que quieren y creerán que esta es la manera correcta hasta que les muestres que ya no funciona. El narcisista no cambiará, así que usted debe hacerlo.

**2.**

**unca se culpe a usted mismo**

A pesar de que sus demandas están a cargo de romper el ciclo, esto no significa que deba culparse a sí mismo si sale mal. Cuando tu narcisista muestra un comportamiento abusivo, nunca es tu culpa. Hacerlos responsables de sus decisiones. Tan pronto como caigas por algo que no es tu error, el narcisista sentirá que ha ganado. Se sentirán victoriosos en ese momento y, lo que es peor, esto los animará a portarse mal en el futuro. Si saben que te culparás a ti mismo y les dejarás salir impunes, continuarán por este camino perturbador. Si ellos tomaron la decisión, solo ellos deben cargar con la culpa.

**3.**

**rometa asegurarse de que cada violación sea castigada**

Siempre recuerda que los narcisistas solo quieren salirse con la suya. Enséñeles que el abuso solo los alejará más de su deseo. Siempre que hagan o digan algo hiriente, castíguenlos retirándose de la situación. Antes de hacerlo, hágales saber que usted está enojado y que no cooperará de ninguna manera si están recurriendo al abuso.

Demuéstreles que tan pronto como el abuso entra en la conversación, usted no está participando. La remoción de la situación es usualmente el mejor curso de acción ya que algunos narcisistas encuentran placer en las grandes demostraciones de emoción. Para ellos, esto significa que te preocupas y esta emoción puede ser usada en tu contra. Incluso si el narcisista dice algo ligeramente insultante, empezarán a aprender que incluso esto es inaceptable si dejas de permitir que se salgan con la suya.

### 4.
#### lámelos a todos para que se enteren de todo

Utilizando el ciclo narcisista que se detalla arriba, vigila en todo momento en qué etapa se encuentra tu narcisista. Cada vez que los veas haciendo un movimiento de poder o tratando de manipular la situación de alguna manera, llámalos. Esto es frustrante para el narcisista porque siempre piensan que son más listos que la gente que los rodea. Si les haces saber que estás al tanto de sus tácticas, esto les mostrará que sus métodos habituales no funcionan. Al señalar sus formas manipuladoras, usted puede acorralarlos para que sean más honestos con usted.

### 5.
#### ntienda que la etapa dos es inevitables

Desafortunadamente, no hay manera de evitar la traición percibida cuando se trata del narcisista. A menos, por supuesto, que planees dejarles hacer lo que quieran en todo momento. Aunque usted no puede evitar sus emociones fuertes, puede ayudarles a encontrar mejores maneras de expresarlas. Idealmente, estas formas mejoradas no deberían implicar ninguna forma de abuso. Si el narcisista está teniendo un mal día, entonces siempre haz lo que puedas para protegerte de las consecuencias de la segunda etapa. Si se encuentra en un lugar frágil, es posible que desee alejarse por un tiempo y apagar el teléfono. O tal vez meditar antes de decidir hablar con ellos.

6.

**plicar límites más estrictos en la cuarta fase**

El narcisista tiene tiempo para calmarse en la tercera etapa, así que para cuando la cuarta etapa comience a rodar, trata de poner límites más fuertes. Esta es la etapa donde el ciclo termina y comienza de nuevo. Si quieres empezar con una dinámica más saludable, aclárselo al narcisista una vez que la gran explosión se haya calmado. Es en este momento cuando el narcisista tendrá más probabilidades de absorber lo que estás diciendo. Si no está seguro de qué límites establecer, considere las siguientes preguntas: ¿cuál fue el detonante esta vez? ¿Qué respuestas abusivas o insalubres mostraron cuando se molestaron? ¿Por qué te sentiste más herido? Ponga límites alrededor de su comportamiento abusivo y discuta maneras más saludables en las que puedan dar a conocer sus quejas. Sea claro acerca de qué comportamientos considera inaceptables en la segunda etapa y sea firme acerca de cómo habrá consecuencias la próxima vez.

7.

**epa que el apego o la adicción no es lo mismo que el amor**

Si tienes una relación con un narcisista abusivo, considera buscar ayuda profesional o abandonar la situación, especialmente si crees que tu bienestar emocional está en juego. A menos que el narcisista se comprometa a mejorar sus métodos, es muy poco probable que haga cambios duraderos para mejor. Los facilitadores a menudo se quedan con sus compañeros narcisistas porque están convencidos de que el narcisista cambiará si se quedan un poco más. Desafortunadamente, esto resulta en mucha pérdida de tiempo y aún más sentimientos heridos. Los habilitadores siempre dirán tener un profundo amor por el narcisista - y en algunos casos, esto puede ser cierto - pero la mayoría de las veces, el narcisista solo los tiene enganchados. El refuerzo intermitente (el ciclo de mostrar el amor, tirar de él, y luego devolverlo) está científicamente probado para crear sentimientos que imitan la adicción. A menudo los facilitadores están tan enganchados al ciclo de la montaña rusa del narcisista que confunden este apego con amor. Es extremadamente importante que hagas la distinción entre estos dos sentimientos diferentes.

## Los 10 hábitos terribles que usted necesita dejar

**1.**

**Preguntar dónde está su pareja en todo momento**

Es normal tener registros con su pareja, pero muchas personas codependientes llevan esto a un nuevo nivel. Cada hora, cada dos horas, la pareja codependiente sentirá la necesidad de preguntarle a la otra pareja dónde están. Lo que distingue este comportamiento de los check-in de las parejas no dependientes es la frecuencia con la que se producen y la actitud que hay detrás de ellos. Cuando las parejas codependientes se registran entre sí, tiende a haber ansiedad detrás de su interrogatorio. No solo son curiosos, sino que *necesitan* saber. La próxima vez que se separe de su pareja, vea si puede mantener los controles limitados a una vez cada cuatro o cinco horas por lo menos.

**2.**

**Buscar en el teléfono de su pareja**

Un número sorprendente de personas son culpables de husmear en el teléfono de su pareja. Haberlo hecho una o dos veces no es gran cosa, pero *nunca* debe convertirse en un hábito. Si usted necesita mirar a través de los dispositivos de su pareja para estar tranquilo, su relación necesita mucho trabajo. Si cualquiera de las dos partes está preocupada o ansiosa, la solución debería ser siempre hablar de ello con su pareja para que usted pueda cooperar sobre la base de la confianza. Si no puedes hacer esto, deberías aprender a dejarlo pasar desarrollando las herramientas de separación apropiadas. Husmear en el teléfono de alguien es una violación de la privacidad, no importa cuán discreto sea. Un paso importante para romper la codependencia es aprender a respetar el espacio personal del otro. ¡Deja de fisgonear!

**3.**

**nvitar a su pareja a cada reunión con amigos**

No hay absolutamente nada malo en traer a tu pareja a tu círculo de amigos. De hecho, es probable que algunos de los mejores momentos se produzcan cuando esto ocurra. No importa lo divertido que sea, siempre debes asegurarte de pasar tiempo a solas con tus amigos. Para continuar teniendo amistades felices y satisfactorias, el vínculo inicial debe ser nutrido - y esto no involucra a su pareja. Puede que tus amigos no te lo digan, pero ellos también desean tenerte a solas a veces. La dinámica cambia una vez que la pareja de alguien está en la habitación, y aunque esta dinámica puede seguir siendo divertida, no hay nada como conseguir que el tiempo de calidad sea como solía ser. Una buena manera de mantener un nivel saludable de independencia es nutriendo sus relaciones y amistades lejos de su pareja, así como con ellos.

**4.**

**ejar todo por su pareja de inmediato**

Hay momentos en que es perfectamente aceptable dejar todo para su pareja. Si tienen una emergencia, entonces ve y ayúdalos, pero no abandones tu vida por nada menos que esto, excepto en raras ocasiones. Si está a punto de tener un día de reuniones importantes y su pareja se siente triste, espere hasta que haya terminado con sus obligaciones. Estar triste no es una emergencia. Su pareja debe ser capaz de manejar sus emociones durante unas horas. Si estás planeando ir a la fiesta de cumpleaños de un amigo, pero tu pareja está resfriada, ¡no cancele sus planes originales! Cuando nos acostumbramos a abandonar nuestras obligaciones por nuestra pareja, enviamos el mensaje de que nada ni nadie más importa. Esta es una actitud altamente destructiva que te llevará a arrepentirte en otras áreas de tu vida. Permita que el desarrollo profesional y personal sea tan importante como su pareja.

**5.**

**spere que su pareja siempre lo anime**

No podemos evitar sentimientos de tristeza, frustración o incluso depresión. Durante estos puntos bajos, nuestra relación puede ser una gran fuente de alivio y felicidad. Si su pareja hace algo especial para usted en su momento de tristeza, esto debe ser considerado un bono, no una necesidad. A menos que su pareja haya cometido un error por el cual se esté disculpando, nunca debe ser la responsabilidad de su ser querido hacer que usted se sienta mejor. Es razonable esperar que lo traten con consideración, pero nuestra confusión interior es nuestra y la responsabilidad de nadie más. Una señal importante de codependencia es la expectativa de que nuestras parejas arreglarán todo por nosotros. Es esencial que usted aprenda las herramientas necesarias para tratar sus problemas en privado. Su pareja tiene sus propios problemas con los que lidiar.

**6.**

**ecir que está "bien" cuando no lo está en absoluto**

Si está tratando de salir de la codependencia, debe aprender a hablar con su pareja honestamente. Deja de barrer todo bajo la alfombra. Esto no significa que tenga que haber un gran reventón o que haya que hacer un gran escándalo por todo; solo significa que tienes que ser honesto si algo te molesta. Cuando descartamos nuestros sentimientos, nos arriesgamos a permitir que el comportamiento problemático continúe. Además, planteamos la posibilidad de construir resentimiento o insatisfacción a largo plazo. Ambos resultados afectan su relación negativamente. Para una relación sana y feliz, aprende a hablar de tus sentimientos de una manera constructiva y abierta. Una buena regla empírica es comunicar en declaraciones de "siento" en lugar de acusaciones, es decir, dirías "me siento molesto por lo que dijiste" en lugar de "lo que dijiste fue molesto".

**7.**

**nterrogaciones frecuentes**

Cada vez que interrogamos a nuestras parejas, demostramos que no confiamos totalmente en ellos. Si usted tiene problemas de confianza debido a traumas pasados, hay una manera de buscar la tranquilidad de su pareja sin tener que recurrir a los interrogatorios. En lugar de disparar cien preguntas cargadas emocionalmente a tu pareja, trata de decir que te sientes insegura y que las necesitas para tranquilizarte. Este es un enfoque más honesto de la situación y es una manera mucho más amable de comportarse. Cuando interrogamos a nuestras parejas, esto crea ansiedad en ellas, ya sea que hayan hecho algo malo o no. No olvidemos que los interrogatorios son para intimidar, para obtener una respuesta forzando a alguien a someterse. Si desea tener una dinámica saludable con su pareja, omita toda táctica de intimidación o de miedo. Esto solo hará que su pareja tenga miedo de usted y podría ser contraproducente para su relación. Aprenda a construir una confianza más fuerte o a encontrar maneras más amables de obtener la respuesta que necesita.

**8.**

**cechar a su pareja en línea**

No es ningún secreto que la confianza es esencial para construir una relación fuerte. Por la misma razón por la que no deberías husmear en el teléfono de tu pareja o interrogarla, también deberías resistirte a la tentación de acecharla en línea. Las personas que hacen esto frecuentemente revisan la página de medios sociales de su pareja, manteniéndose al día con sus últimos "gustos", comentarios y acciones. Este hábito moderno de vigilar a nuestra pareja puede fácilmente volverse obsesivo y llevar a sospechas o disgustos por nada. Muchos codependientes se involucrarán en este comportamiento sin siquiera pensar en las implicaciones más profundas. Deje el hábito de monitorear el comportamiento de su pareja. Hable de sus problemas con ellos o aprenda a dejarlos ir.

**9.**

**acer que todos los medios de comunicación social publiquen sobre su pareja**

Hay muchos significantes de la codependencia que son únicos en la actualidad y este es uno de ellos. Si casi todos los mensajes en tus medios sociales involucran a tu pareja, entonces esto es una gran señal de que tu identidad depende en gran medida de ellos. Como hemos establecido, una identidad que gira alrededor de otra persona es un síntoma clave de codependencia. En una relación saludable, el sentido de uno mismo debe estar claramente definido fuera de la relación. Los intereses, pasatiempos, opiniones, gustos y disgustos no deben depender de la otra persona en la relación. Si está buscando un hábito codependiente fácil de dejar de fumar, pruebe este. Explore su presencia en los medios sociales sin que esté tan estrechamente vinculada a su relación.

**10.**

**ómo ayudar a su pareja con las tareas cotidianas de los adultos**

Esto grita "codependencia" como pocos otros malos hábitos. Es completamente normal ayudar a tu pareja de vez en cuando, especialmente si tienes un poco de tiempo libre, pero no lo conviertas en un hábito a menos que estén haciendo algo similar por ti a cambio. Si usted tiene tiempo extra para prepararle a su pareja un almuerzo para llevar, ¿por qué no? ¿Ha hecho la rutina de empacar el almuerzo mientras su pareja prepara la cena todas las noches? Eso suena como un gran equilibrio de tareas. Pero si estás haciendo esto todos los días y no obtienes nada a cambio, entonces esto es un comportamiento directamente codependiente. En todo lo que hagas, asegúrate de nunca 'bebé' a tu pareja. No realice tareas que todos los demás adultos están haciendo por sí mismos. Si usted puede hacerlo por sí mismo, su pareja también puede hacerlo por sí misma. Es hora de dejar que tu pareja sea el adulto que es.

Créase o no, el comportamiento destructivo y disfuncional no se trata solo de abuso. También pueden consistir en pequeños hábitos cotidianos que parecen inofensivos a primera vista. Con el tiempo, sin embargo, se desgastan en la confianza y en el vínculo que hay debajo de una relación. Para hacer espacio para el crecimiento, comience a eliminar estas compulsiones dañinas.

## Capítulo 6: Estrategias de Destacamento

Debajo de cada codependencia hay un nivel insalubre de apego. Las parejas han fusionado sus identidades en una sola, hasta el punto de que ya no sienten que tienen una identidad separada fuera de su relación. Lo irónico es que el apego suele formarse a través de un intento de crear una identidad única. Sin embargo, solo nos alejamos más de este objetivo, ya que esta nueva identidad está tan entretejida con otra persona.

No todas las asociaciones codependientes tendrán tendencias abiertamente destructivas, pero el fuerte apego no es menos perjudicial para los individuos involucrados. Para romper la codependencia, ambos miembros de la pareja deben aprender a encontrar un sano distanciamiento el uno del otro. El desapego saludable todavía permite expectativas y dependencia, pero elimina la sensación de desesperación e impotencia. Las personas codependientes tienden a encontrar esta idea intimidante porque sienten que la codependencia es sinónimo de amor, pero una vez que rompen esta dinámica, al instante se sienten liberados. El amor que surge del deseo en lugar de la necesidad es mucho más gratificante para todos los involucrados. Para descubrir cómo se siente, utilice estas estrategias de separación para una dinámica más poderosa.

## 9 grandes hábitos que comienzan a sanar la Codependencia

Usted sabe todo acerca de los malos hábitos que deben ser quebrantados - ahora, es el momento de contarle acerca de los grandes hábitos que deberían reemplazarlos. Ponga en práctica estas nuevas prácticas en su vida diaria para empezar a ver un saludable distanciamiento de su pareja. Al absorber estas nuevas formas en su dinámica de relaciones, inmediatamente comenzará a sentirse menos codependiente.

**1.**

**esponder, no reaccionar**

Debido a traumas pasados, algunos de nosotros tenemos ciertas reacciones conectadas a nuestro cerebro. Sin siquiera pensar en ello, podemos encontrarnos cediendo a estos impulsos por puro hábito. Por ejemplo, si usted fue engañado en el pasado, puede ser que se desencadene si su pareja actual tiene un amigo cercano del sexo opuesto. Siempre que su pareja mencione que los ha visto, usted puede sentirse inmediatamente traicionado y enojado, incluso cuando no tiene razón para estarlo. Una buena regla empírica para evitar molestias innecesarias es cortar el impulso antes de que tome el control. En lugar de simplemente reaccionar por hábito, tómese el tiempo para escuchar realmente lo que su pareja está diciendo. Considere si lo que están diciendo es realmente irrazonable o si simplemente está abrumado por malos recuerdos. Responda a lo que su pareja le está diciendo en el aquí y ahora, en lugar de algo que sucedió en el pasado.

2.

**uide sus deseos y necesidades**

No te pierdas en tu relación. Si hay algún interés o pasatiempo que le llame la atención, ¿por qué no despertar su curiosidad? Sumérjase en nuevas curiosidades y continúe explorando sus intereses establecidos. Deje de suprimir sus deseos, necesidades, curiosidades, gustos y disgustos. Cultiva y anima todo lo que te hace ser *tú*. Esto fortalecerá su sentido de sí mismo, asegurando que su identidad sigue siendo totalmente suya, incluso cuando se encuentra en una relación íntima. Tener necesidades y deseos diferentes no solo es bueno por el bien de la vida, sino que permite que ambos miembros de la pareja escapen a mundos separados para que siempre puedan recordar qué es lo que los hace únicos. De esta manera, nunca pierden el propósito de su vida y permanecen firmemente conectados a su esencia.

3.

**acer que el espacio personal no sea negociable**

No *trate de* obtener espacio personal algunas veces; necesita hacer que el espacio personal sea algo no negociable. Reserve un día o una hora en la que pueda tener espacio para hacer lo que quiera - y por supuesto, sin su pareja. Deja de ver el espacio personal como una idea desalentadora y comienza a reconocerlo como absolutamente esencial para mantener tu felicidad a largo plazo. Véalo como algo imprescindible. Incluso si usted piensa que va a extrañar a su pareja, esa no es razón para aferrarse y nunca dejarla ir. ¿Por qué esperar a estar harto de ellos antes de tener espacio personal? Extrañar a alguien con quien podamos estar más tarde es una alegría increíble. Significa que el amor y la emoción siguen vivos. Al hacer del espacio personal una parte esencial de su estilo de vida, se asegurará de que este amor y esta emoción permanezcan vivos y no se desvanezcan. Hagan lo que disfruten y dense espacio para respirar. Esto hace maravillas en cada relación.

**4.**

**ea responsable de sus acciones**

Tan pronto como haces esto, creas una atmósfera de honestidad, humildad y coraje dentro de la relación. Ser responsables de nuestras acciones y admitir cuando hemos cometido un error puede ser difícil, pero no debería serlo. Cuando evitamos la rendición de cuentas, esencialmente estamos tratando de decir que somos impotentes y que todo nos sucede - que no es culpa nuestra porque no tenemos influencia sobre la situación. ¿Por qué es algo bueno? Cuando no tenemos poder, no podemos tomar medidas para mejorar las cosas. Nos convertimos en esclavos de las circunstancias y de los caprichos de los demás. Es por eso por lo que la rendición de cuentas es tan transformadora. Están reconociendo su influencia y control, y al hacerlo, también están reconociendo sus capacidades para mejorar las cosas. Cuando un compañero adquiere el hábito de asumir la responsabilidad y reconocer sus fallas, el otro compañero (siempre que no sea un narcisista) comienza a sentirse cómodo haciendo lo mismo. Una pareja que se hace responsable de sus acciones separadas es una pareja fuerte. Hay significativamente menos malestar y frustración en la relación. En lugar de culpas innecesarias y emociones agrias, finalmente puede haber un enfoque en las soluciones. La próxima vez que cometa un error, dígale a su compañero que se dio cuenta de lo que hizo, que lo siente y que quiere mejorar las cosas la próxima vez. No juegues al juego de la culpa.

### 5.
**lame a su pareja por su comportamiento poco saludable**

Así como usted debe ser responsable de sus acciones, también debe serlo su pareja. A veces no es fácil reconocer cuando hemos cometido un error, especialmente cuando ciertos comportamientos son rutinarios. En este caso, es muy importante que el otro miembro de la pareja lo señale suavemente a su atención. Si no lo saben, ¿cómo pueden mejorar para el futuro? Si nota que su pareja muestra un comportamiento poco saludable o incluso autodestructivo, acostúmbrese a hacérselo saber inmediatamente. También es esencial que lo hagas de manera constructiva y con amabilidad. Si usted está enojado y abusivo, es probable que ellos respondan negativamente, agregando más obstáculos a la evolución de la relación. Si su pareja comienza a hacer un viaje de culpabilidad por querer pasar tiempo con sus amigos, trate este comportamiento codependiente. Diga, "Cariño, sentí como si estuvieras tratando de culparme por ver a mis amigos y me preocupa que estemos recurriendo de nuevo a nuestros modos codependientes. ¿Cómo podemos arreglar esto para la próxima vez? Me encantaría que pudiéramos encontrar una solución para poder pasar un buen rato con mis amigos. Es importante para mí que los vea a veces". Ves, eso no es tan difícil, ¿verdad?

**6.**

**etermine sus metas personales y profesionales**

Mantenga un fuerte sentido de sí mismo al continuar creciendo y evolucionando. Si te encuentras sintiéndote estancado o como si tu relación te hubiera consumido, tómate tu tiempo para sentarte y reflexionar. A menudo podemos perder la dirección porque no hemos identificado nuestros deseos y nuestras metas. Piense en lo que le gustaría lograr en un futuro cercano y distante, y luego divida estas metas en pasos alcanzables. Estas pueden ser metas profesionales, metas personales o ambas. ¿Hay alguna habilidad que te gustaría llevar más lejos? ¿Un nuevo hito que le gustaría alcanzar? ¿Le gustaría perder o aumentar de peso? ¿Hay alguna obra maestra artística que te gustaría completar o por lo menos empezar? Hay muchas metas que puedes fijarte para tu vida. Escoja algo que encienda la emoción y la alegría en usted. Cuando nos fijamos metas, es mucho más fácil evitar la codependencia, ya que estamos tratando instintivamente de alcanzar nuestras propias metas. Nos da algo por lo que debemos esforzarnos y que tiene que ver enteramente con nuestra propia vida y no está directamente relacionado con nuestra pareja. Asegúrese de que siempre tenga metas que está tratando de alcanzar, aunque sean pequeñas.

7.

**btenga una opinión externa**

En las codependencias más extremas, ambos miembros de la pareja se resisten a hablar con otras personas sobre sus problemas, especialmente los relacionados con su relación. Han desarrollado una cercanía tan intensa con su pareja que sienten que no necesitan a nadie más. Desafortunadamente, esto también significa que cuando surgen asuntos o problemas legítimos en la relación, no tienen a nadie a quien contar. La perspectiva de una persona ajena puede ser enormemente beneficiosa, especialmente cuando proviene de un amigo cercano o de un miembro de la familia. Asegúrese de que ni usted ni su pareja excluyan sus respectivas redes de apoyo. Serán capaces de decir cuándo tu codependencia se está volviendo demasiado dañina. Aprenda a ver esto como una retroalimentación útil y no solo como algo inconveniente que preferiría no escuchar. Cuando estamos demasiado cerca de una situación, puede ser difícil ver todo como está. Confíe en sus amigos y familiares para que le digan lo que necesita oír. Acostúmbrese a alcanzar y mantener sus conexiones externas.

**8.**

### iga "No" con más frecuencia

Hay una gran idea errónea de que, si amamos a alguien, debemos dejar que haga lo que quiera. Con suerte, ya te habrás dado cuenta de que esto no puede estar más mal. Nunca decir "no" a tu pareja es una de las cosas clave que puede llevar a la codependencia. Esencialmente significa que usted no tiene límites para su pareja. Cuando usted se acostumbra a decir "no" a su pareja, está defendiendo sus necesidades y deseos, transmitiendo que son tan importantes como los de su pareja. No es cruel decir "no", ya que a menudo las tendencias de "felpudos" pueden llevar a un resentimiento silencioso en las parejas codependientes. Al establecer límites, te aseguras de que nunca te agotarás dando más de lo que tienes. En el futuro, esto significa que usted estará más feliz, más satisfecho y mucho más listo para ser una buena pareja. La bondad que usted muestra a su ser querido nacerá del amor genuino en lugar de la necesidad y la obligación.

**9.**

### esolver problemas juntos

Cuando alguien en una relación comete un error, la gente tiende a simplificar demasiado el proceso de búsqueda de soluciones. Ellos tienden a pensar: "Tú cometiste el error, así que deberías arreglarlo. Averígualo y llámame cuando las cosas mejoren". Dejamos que la persona que cometió el error busque una solución por su cuenta. Muchas parejas creen que esto es lo justo, pero está lejos de serlo. Las parejas saludables resuelven los problemas juntos. Esto no significa que ambos miembros de la pareja tengan la culpa. Demuestra que reconocen que dos cabezas son mejores que una. Si realmente quieres arreglar la situación y no solo "vengarte", deberías trabajar junto a tu pareja para encontrar una solución. Examine el problema en cuestión, lo que salió mal y lo que podría ser mejor la próxima vez. Acostúmbrese a cooperar en lugar de responsabilizar a su pareja por el cambio.

## 4 desafíos únicos para acostumbrarse al desprendimiento saludable

Si usted es extremadamente codependiente, la idea del desapego le puede parecer aterradora. Para simplificar sus próximos pasos, considere experimentar con los siguientes desafíos. Esto le ayudará a entrar en la mentalidad adecuada para encontrar su propia independencia. Al final de cada desafío, reúnase con su pareja y comparta sus diferentes experiencias. ¡Vea si puede divertirse con estos desafíos!

1.
   **ibuja tu día**

No necesitas tener una racha artística para este desafío - de hecho, ¡podría ser más divertido si no lo haces! Para este desafío, ambos miembros de la pareja deben separarse durante varias horas y dibujar lo que ven, dondequiera que decidan ir. Pueden escoger cualquier cosa que vean ese día - puede ser divertido, serio, o incluso surrealista, ¡si así lo desean! Lo ideal es que ambas parejas no se envíen mensajes de texto, excepto para discutir la logística sobre dónde y a qué hora se reunirán más tarde. Al final del día, ambos compañeros pueden reunirse y mostrarse lo que han dibujado. Si eres un artista terrible, reírte de tus malos dibujos puede ser una noche divertidísima. Este reto es uno de los mejores, ya que permite a las personas entrar en contacto con su lado creativo y, al mismo tiempo, obtener un espacio personal. ¡Y los beneficios no terminan ahí! Las parejas siempre disfrutan mirando los dibujos de los demás y compartiendo las historias relacionadas con lo que vieron.

2.

**eunirse en el centro**

Si tienes un lado aventurero, prueba el desafío 'Reunirse en el Medio' con tu pareja. En pocas palabras: requiere que ambas partes exploren dos lugares opuestos o lejanos y luego se encuentren de nuevo a mitad de camino. Este desafío puede ser escalado para que se adapte a su tiempo y presupuesto. Si no puede viajar internacionalmente, ¡no hay necesidad de preocuparse! Cada pareja puede elegir una ciudad o pueblo en el país que siempre ha querido explorar. Esto funciona especialmente bien si la otra pareja ya ha estado allí o no quiere ir. Una vez que ambas personas han elegido su ciudad o pueblo, pueden identificar una ubicación que se encuentra aproximadamente a mitad de camino. Después de viajar y explorar lugares separados, pueden llegar el uno al otro y encontrarse en ese punto intermedio. Si tiene un presupuesto mayor, considere hacer esto con los países. Los viajes en solitario son una experiencia de empoderamiento y las parejas, inevitablemente, encuentran que el "encuentro a medio camino" es increíblemente romántico.

### 3.

#### ntercambio de regalos

Al igual que "Dibuja tu día", este desafío implica que una pareja se separe durante unas pocas o varias horas. No debería haber comunicación alguna hasta que sea el momento de la reunión, más tarde en el día. El objetivo de su tiempo aparte debe ser comprar, crear o simplemente conseguir un regalo para su pareja. El objetivo puede ser un regalo o más, dependiendo de sus respectivos presupuestos. También sería prudente que ambos miembros de la pareja decidieran un límite de gastos, para que una persona no gaste más que la otra. Este es un gran desafío para empezar, ya que ambos miembros de la pareja todavía pueden sentirse cerca el uno del otro en la búsqueda de un regalo para su ser querido.

### 4.

#### fuera - Adentro

¡No se permiten excusas para este! Una persona está a cargo de "afuera" y la otra está a cargo de "adentro". Durante todo el tiempo que sea necesario para terminar, ambos miembros de la pareja deben concentrarse en sus tareas por separado sin ayuda del otro. Las parejas solo pueden comunicarse a través de la logística o si están pidiendo aclaraciones. Todas las demás comunicaciones deben guardarse para después de la prueba, cuando todo esté completo. He aquí un resumen de lo que cada persona está a cargo:

*Afuera* - Todas las diligencias que involucran salir de casa, como ir de compras al supermercado, enviar correo, recoger herramientas o materiales para reparaciones, llenar el auto con gasolina, depositar un cheque o retirar dinero para el alquiler, y muchas otras. También puede incluir las tareas domésticas si se realizan al aire libre, por ejemplo, jardinería, jardinería, reparación de cobertizos, etc.

*Adentro* - Todos los deberes relacionados con el interior de la casa y el mantenimiento general de la misma. Esto incluye lavar la ropa, hacer las camas, limpiar y desempolvar la casa, ordenar y reorganizar el desorden, lavar los platos y todas las demás tareas relacionadas con el hogar.

¡Quien termina primero tiene tiempo libre para hacer lo que quiera! ¿La única condición? Deben mantenerse alejados de su pareja hasta que se completen todas las tareas.

¿Por qué no crear su propio desafío? Para obtener el mejor resultado, ambos miembros de la pareja deben estar separados el mayor tiempo posible mientras se concentran en una meta claramente definida o disfrutan de una distracción.

# Capítulo 7: El espacio personal y el autocuidado

Hemos hablado mucho sobre el espacio personal y el autocuidado, pero algunos de ustedes se preguntarán: "¿Qué es exactamente lo que esto implica? Si usted está en el extremo de ser codependiente, es posible que necesite algunas ideas para su próxima sesión de autocuidado. Como hemos establecido, esto es crucial para mantener un nivel saludable de independencia en su relación. Cuando las parejas continúan practicando esto en una relación, se vuelven más fuertes, individuos más valientes que ven más realización en la vida a largo plazo. Si está intimidado por la idea de tener una separación temporal, comprenda que solo es difícil por una razón: ¡está rompiendo una rutina fija! De ninguna manera es indicativo de los efectos que finalmente tendrá. Destructivos o no, los patrones son difíciles de romper, pero una vez que tienes éxito, tu vida florece de una manera que nunca hubieras imaginado.

## 6 razones por las que el espacio personal sana a las parejas

Antes de que se le ocurran excusas para saltarse el resto de este capítulo, examinemos los beneficios del espacio personal. En los días en que la ansiedad te abruma, cuando solo quieres aferrarte y no soltarte nunca, vuelve a esta sección. Esta es la razón por la que el espacio personal es vital para sanar la codependencia:

**1.**

**e hace una persona más fuerte**

Cuando se nos da espacio para hacer lo nuestro, utilizamos herramientas de afrontamiento y autogestión que dejamos de utilizar en presencia de nuestros seres queridos más cercanos. Si tenemos una necesidad, aprendemos a cuidarla por nuestra cuenta. Aprendemos a proporcionar nuestro propio entretenimiento. Y finalmente podemos escuchar y evaluar nuestros propios pensamientos, sin la influencia de un partido externo. Esa punzada que sientes cuando estás solo y realmente deseas que alguien te acompañe, es que tu mente se niegue a usar tus propias herramientas de autogestión. Cuando tenemos a alguien a nuestro alrededor, no tenemos que utilizarlo tanto. Pueden ayudarnos a realizar tareas, entretenernos, y nos proporcionan tantas distracciones como deseemos. Esto se siente bien de la misma manera que sentarse en el sofá, en lugar de ir a trabajar, se siente bien. Nos permite no hacer ningún trabajo, pero daña nuestra capacidad de valernos por nosotros mismos y ser autosuficientes. Si no aprendes a ser fuerte ahora, será cien veces más difícil en el futuro. El espacio personal nos da la oportunidad de autogestionarnos de nuevo y esto trae muchos beneficios.

**2.**

## olver a conectar con nuestra individualidad nos hace más felices

Cuando tenemos espacio personal, nos acordamos de lo que nos hace diferentes. En lugar de fusionarnos con la identidad de nuestra pareja, recordamos la nuestra y lo que nos hace únicos. Cuando nos reconectamos con esta parte de nosotros mismos, instantáneamente nos sentimos más felices. ¿Por qué? Es muy sencillo. Todos queremos sentirnos especiales. Nadie quiere sentir que se ha convertido exactamente en otra cosa. Los que lo hacen tienen la impresión equivocada de que la fusión de identidades es la cura para no sentirse especial. Esto, por supuesto, no podría estar más lejos de la verdad. Para sentirnos verdaderamente únicos y únicos, necesitamos conectarnos con algo profundo en nosotros mismos. A esta parte de nosotros solo se puede acceder a través de un tiempo suficiente. Por mucho que ame a su pareja, demasiado tiempo juntos puede hacer que olvide lo que lo hace diferente.

**3.**

## ay más de lo que hablar más tarde

Si siempre están juntos, están recibiendo la misma experiencia general al mismo tiempo. Esto también puede ser especial, por supuesto; puedes discutir los eventos a medida que se desarrollan a tu alrededor y disfrutar compartiendo la misma experiencia. Pero no olvide que también se puede disfrutar de experiencias diferentes y contar la historia más tarde. Dos parejas que se reúnen después de un largo día separados pueden transmitirse las historias y los eventos del día entre sí, disfrutando de la narración de historias y del elemento sorpresa que conlleva. Cuando estamos siempre con nuestra pareja, nos perdemos la diversión de ponernos al día.

**4.**

**sted también se puede cansar de las grandes cosas - ¡No deje que esto suceda!**

Usted puede amar y apreciar profundamente a su pareja. Incluso pueden pensar que su relación es lo mejor del mundo y que están tan hechos el uno para el otro que nada puede arruinar lo que tienen. Odio tener que decírtelo: demasiado tiempo juntos puede, de hecho, arruinarlo. Digamos que descubriste los mejores panqueques del mundo. Los encontraste tan deliciosos que decidiste tomarlos en cada comida. Al principio, tener su comida favorita tres veces al día parecía el paraíso, pero ¿qué pasa después de unos meses? ¿O unos pocos años? Definitivamente empezarías a cansarte de ello. Eventualmente, empezarías a anhelar literalmente *cualquier* otra cosa. No importa cuán objetivamente buenos sean esos panqueques o cuánto los hayas disfrutado al principio. Si te pasas, no querrás tener nada más que ver con ellos. Lo mismo vale para usted y su pareja. Sin espacio personal, la relación comienza a ser sofocante. Esto conducirá inevitablemente a una asociación más tensa.

**5.**

**e recuerda por qué están juntos**

Cuando estamos constantemente con alguien o algo que amamos, empezamos a darlo por sentado. Nos acostumbramos tanto al acceso rápido y fácil que nos olvidamos de lo especial que es tener acceso. Las parejas que hacen del espacio personal parte de su estilo de vida experimentan mucha más gratitud hacia su pareja. Cuando están juntos, se les recuerda la alegría que su pareja trae a su vida. Los períodos de separación crean un contraste con los tiempos en que están juntos. Esto inmediatamente resalta las diferencias positivas que hace su relación. A su vez, esto hace que cada momento juntos parezca más especial. Las parejas se apreciarán mucho más y serán más felices a largo plazo.

**6.**

**ente más feliz crea relaciones más duraderas**

La codependencia se forma cuando las parejas están demasiado ansiosas o inseguras para dejarse ir. Irónicamente, aprender a hacerlo puede hacer que las posibilidades de permanecer juntos (felizmente) sean más probables. Considere todo lo que hemos cubierto hasta ahora. Habrá más emoción, no se cansarán el uno del otro, serán más felices y también lo será su pareja. Dos individuos felices y fuertes hacen una pareja feliz y fuerte. Para garantizar una satisfacción duradera, es necesario que haya espacio para crecer. Al darse espacio mutuamente, se permiten espacios entre sí para evolucionar hacia mejores seres. Las parejas que hacen esto prosperan mejor que el resto.

## 10 maneras de acelerar el crecimiento personal mientras tiene espacio personal

Las personas codependientes luchan por llenar su tiempo cuando finalmente tienen un espacio personal. Muchos comienzan a sentir ansiedad, no están seguros de qué hacer consigo mismos ahora que su pareja no está allí. Es útil notar que esto solo sucede porque es una ruptura con su rutina habitual. Se puede superar con la práctica. El espacio personal es un gran momento para finalmente enfocarse en el autocrecimiento y dar pasos hacia el logro de sus metas personales. Hacer el esfuerzo de mantener siempre sus metas a la vista le ayudará a protegerse de sus inclinaciones codependientes. Considere las muchas maneras en que puede hacer esto:

1.

**prenda una nueva habilidad**

¿Hay algún talento que secretamente desearías tener? ¿Cuándo fue la última vez que pensaste: 'Ojalá pudiera hacer eso'? Un taller o una clase es algo fantástico para añadir a un horario y es un gran uso del tiempo personal. Puede ser cualquier cosa, desde clases de pintura y fotografía hasta clases de kung fu. El cielo es el límite cuando se trata de aprender. Usted podría incluso elegir mejorar una habilidad que le lleve a un ingreso más alto en el futuro. Perfeccionar una nueva habilidad le recordará su valor y capacidades más allá de su relación. Diviértete con este. ¡El mundo es su ostra!

**2.**

**r al gimnasio**

Haga que las sesiones de gimnasia sean parte de su rutina semanal y verá los beneficios más allá de su apariencia. No solo te verás más en forma y más tonificada, sino que lo más importante es que te *sentirás* más fuerte. Y al instante verás un aumento en tu nivel de autoestima y confianza. Hacer ejercicio es una gran manera de demostrarte a ti mismo que puedes superar la adversidad - esta determinación y fuerza se extenderá más allá de tu tiempo en el gimnasio, mejorando tu relación y probablemente incluso tu confianza profesional. Cuida tu cuerpo y toda tu mente reflejará esta transformación positiva.

**3.**

**isite a un terapeuta**

¡Es hora de eliminar el estigma de la terapia! Usted no necesita una condición de salud mental para poder ver a un terapeuta. Tener una sesión una vez a la semana o cada dos semanas es una gran manera de desestresar y reclutar la mente. Quitar de en medio las emociones y los pensamientos inquietos le da más tiempo para concentrarse en lo que realmente importa. La terapia puede ser especialmente beneficiosa para las personas en una relación de codependencia. Una figura neutra será capaz de señalar cuando los hábitos codependientes están surgiendo y ayudarle a evolucionar a partir de ellos. Pueden ayudarle a abordar la causa de fondo de sus problemas para que nunca más tenga que llamarse a sí mismo "codependiente".

**4.**

**xperimente con cocinar comidas más saludables**

Todos sabemos cómo cocinar *algo* en la cocina, pero ¿cuántas comidas deliciosas y verdaderamente saludables puedes cocinar? En su tiempo libre, ¿por qué no experimentar en la cocina con algunos alimentos nutritivos para el cuerpo? Cuando enfocamos nuestra atención en alimentarnos, nuestras mentes encuentran un centro de calma. ¿Por qué? Porque estamos volviendo a lo básico y haciendo algo que literalmente nos mantiene vivos. Estamos prestando atención a los fundamentos de nuestro ser y esto puede ser meditativo. Pruebe y cocine con nuevos ingredientes, diviértase con nuevos sabores y vea qué deliciosas creaciones se le ocurren.

**5.**

**lanifique su futuro y establezca metas**

Ahora que tienes tiempo a solas, ¿por qué no ves si puedes definir tus metas para el futuro cercano y lejano? ¿Qué le gustaría lograr? ¿Adónde te gustaría ir? ¿Cuáles son algunos hábitos que te gustaría romper y otros mejores que te gustaría adquirir? Mientras hace esto, trate de hacer su primer borrador de metas sin considerar lo que su pareja (o cualquier otra persona) diría sobre ellas. Solo concéntrese en sus metas y sueños. Una vez que identifique claramente cuáles son calcule lo importante que cada uno es para usted. ¿Qué tan feliz serás si logras cada uno? ¿La incapacidad para lograr un determinado objetivo conducirá a la infelicidad? Responda estas preguntas antes de pensar en lo que diría su pareja. Considere hacer los objetivos que lo harían profundamente feliz, no negociable.

**6.**

**ea un buen libro**

Dicen que los empresarios más exitosos del mundo leen docenas de libros al año. No es de extrañar por qué. La lectura no solo es entretenida, sino que puede ampliar sus horizontes de manera que cambie su perspectiva y perspectiva para mejor. Ya sea ficción o no ficción, la lectura trae muchos beneficios, incluyendo la mejora de la memoria y la reducción del estrés. Con el tiempo, encontrarás que tu vocabulario se expande e incluso puede mejorar tus habilidades de escritura. Incorpore más tiempo de lectura en su horario (¡ahora que tiene más paz y tranquilidad!) y podrá sobrealimentar su mente en poco tiempo.

**7.**

**omience un proyecto creativo**

No hace falta ser un genio artístico para iniciar un proyecto creativo. Es tan simple como elegir un medio que te guste y divertirte con él. Fomentar su propia creatividad le ayuda a desestresar y, a largo plazo, mejora su capacidad para resolver problemas. Los estudios han demostrado incluso que la creatividad aumenta la capacidad de adaptación a los nuevos cambios. La próxima vez que tengas tiempo para ti mismo, ¿por qué no intentas pintar o dibujar? ¿O tomar un instrumento y aprender a cantar?

**8.**

**prenda a desarrollar una mentalidad de crecimiento**

A medida que busque nuevos pasatiempos y habilidades en su tiempo libre, trate de desarrollar una mentalidad de crecimiento. Una mentalidad fija está impulsada por la creencia de que todos nacen con ciertos talentos y dones, y todos aquellos que no son "dotados" nunca alcanzarán el mismo nivel de brillantez. La mentalidad de crecimiento se opone firmemente a ello, afirmando que podemos alcanzar el mismo nivel de brillantez si persistimos y seguimos mejorando. Mientras tengas espacio personal, trata de absorber esta mentalidad de crecimiento en tu espacio mental. Esto no solo le ayudará a mejorar ciertas habilidades, sino que también le ayudará a salir de su codependencia. Usted no tiene que ser codependiente para siempre; una mentalidad de crecimiento le asegurará que deje atrás sus viejos hábitos para siempre.

**9.**

**ome descansos de la tecnología**

Mientras te tomas un descanso de tu pareja, ¿por qué no te tomas un descanso con una "B" mayúscula de todo el caos del mundo moderno? Usted puede elegir el período de tiempo con el que se sienta más cómodo, ¡pero debería suponer un pequeño reto! Durante al menos un par de horas, apague todos sus dispositivos de comunicación y entretenimiento. Desconéctese completamente de todas las distracciones digitales y no se comunique con su pareja de ninguna manera durante este tiempo. Siéntete libre de hacer lo que quieras durante este tiempo, siempre y cuando estés a cargo de crear tu propio entretenimiento (¡no vayas a un bar y veas su televisión!) y te permitas estar solo con tus pensamientos. Practicar el tiempo sin tecnología puede disminuir la ansiedad con el tiempo a medida que se acostumbra al silencio y a la desconexión temporal.

**10.**

**enga una conversación con un extraño**

Esto puede parecer una sugerencia extraña, pero aprender a estar cómodo con extraños tiene una serie de beneficios diferentes. No solo mejoras tus habilidades sociales, sino que aprendes a adaptarte a diferentes situaciones y diferentes personalidades. ¡Tampoco tiene ni idea de a quién puede conocer! Hay conexiones que esperan ser hechas a tu alrededor. Ampliar tu círculo de amigos es una buena manera de asegurarte de que no dependes demasiado de tu pareja.

# 12 ideas de autocuidado para que se sienta como un millón de dólares

Por supuesto, el espacio personal también debe ser sobre el cuidado personal. Cuando los codependientes están completamente envueltos el uno en el otro, se olvidan de cuidar de sí mismos. A menudo no nos damos cuenta de cuánto necesitamos el autocuidado hasta que finalmente lo experimentamos. El resultado: estamos tranquilos, centrados y en paz en todos los sentidos. Esto nos pone de mejor humor, haciéndonos individuos más agradables. A su vez, esto nos hace mejores parejas.

No es necesario reservar el autocuidado para cuando estamos completamente solos. El cuidado personal debe ser parte de su rutina y puede hacerlo solo o con su pareja cercana. Eso depende de usted. Independientemente de cómo decida cuidarse, asegúrese de dedicarle tiempo siempre para que pueda ser una parte constante de su vida.

**1.**

**años de burbujas**

Probablemente lo hayas visto en las películas. Durante los momentos de relajación, un personaje se sumerge hasta el cuello en un baño de burbujas rodeado de velas. ¿Por qué no probarlo en la vida real? Burbujas o no burbujas, velas o luces de baño, música o silencio: la elección es suya. Descubre qué tipo de ambiente te ayuda a lograr una calma profunda y trata de llegar a ese lugar tranquilo en tu mente. Olvide el mundo por un momento y relájese.

**2.**

**asaje**

Obtener un masaje no requiere ningún esfuerzo de su parte. Solo tiene que encontrar un spa o masajista que le guste el sonido, y disfrutar de ser mimado. Una sesión de masaje hace un cuidado personal brillante porque el amasado abre el cuerpo y - por supuesto - *se siente* increíble. La suave presión en todo el cuerpo alivia el estrés liberando dopamina, reduciendo la ansiedad y haciendo que te sientas más calmado instantáneamente, pase lo que pase. No tiene que ser complicado; simplemente acuéstese y permítase sentirse bien.

**3.**

**l café y un buen libro**

Desde el amanecer de los cafés hípster, la rutina del café y un libro se ha convertido en una brillante forma moderna de lograr el autocuidado. Salga de su espacio y pase unas horas en una cafetería. Pida una taza de café humeante o un chocolate caliente cremoso, encuentre su lugar y, finalmente, ahóguese en ese gran libro del que tanto ha oído hablar. Lo creas o no, el solo hecho de salir de tu espacio personal puede reducir la ansiedad. La rutina del café y un libro le permite simplificar su vida por un momento. Todo lo que tienes que hacer es disfrutar de su lugar cómodo, centrarse en su libro, mientras que la nutrición de su vientre con la bondad cálida y rica.

**4.**

**r de compras**

Vamos a empezar diciendo: ¡no te pases de la raya! Sepa cuál es su presupuesto y cúmplalo. ¿Y aparte de eso? Diviértete y disfruta de todo lo que te hace sentir bien. Hay una razón por la que existe el término "terapia de venta al por menor". Cuando compramos, podemos satisfacer nuestros deseos y necesidades. Esta es una buena práctica para el codependiente que tiende a centrarse en los deseos y necesidades de otras personas. Tómese este momento para cerrar su cerebro codependiente y considere qué compra lo excitaría en el aquí y ahora.

**5.**

### btener un cambio de imagen

A veces no hay mejor manera de sentirse bien que haciéndose *ver* bien. No hay reglas para conseguir un cambio de imagen - solo diviértete experimentando con tu apariencia con el objetivo de hacerte sentir atractivo. Si eres mujer, considera comprar los servicios de un maquillador. Ambos géneros pueden disfrutar de conseguir algunos trajes diferentes para su guardarropa o refrescarse con un nuevo corte de pelo. ¡Las posibilidades son infinitas!

**6.**

### ablar con sus amigos

Hablar y reírse con los amigos es su propia forma de terapia. Mientras te dedicas al autocuidado, ¿por qué no te pones al día con algunos de tus amigos de más confianza? Esto no solo alivia el estrés, sino que se ha comprobado que pasar tiempo con los amigos conduce a una vida más larga y a una mejor salud mental. Ya sea que decidas complacerte en un gran restaurante o pasar una noche divertida viendo Netflix o un juego, asegúrate de que el tiempo con tus amigos sea una sesión regular en tu agenda.

7.

**scribir en un diario**

El diario es ideal para las parejas codependientes porque le permite ponerse en contacto con sus sentimientos. Para mantener la paz, se sabe que los codependientes cierran sus pensamientos y sentimientos, algo que no augura nada bueno para la salud de la relación. Llevar un diario puede ayudarle a desentrañar su mente y a desestresarse, permitiéndole organizar sus pensamientos y observar su mundo interior. Muchas personas eligen escribir en sus diarios a primera hora de la mañana o justo antes de acostarse, como una forma de calmar la mente durante el día o para dormir tranquilamente.

8.

**editar**

Cuando se buscan los mejores métodos de autocuidado, la meditación se sugiere tan a menudo que tiende a provocar un giro de ojos. Hay una buena razón por la que la meditación es un delirio; tiene beneficios reales y duraderos que realmente marcan la diferencia en tu bienestar mental y en tu vida. Para meditar con éxito, uno debe tratar de limpiar su mente de todos los pensamientos y simplemente estar en el momento. Para empezar, trate de enfocar su respiración, y nada más. Lo ideal es que esto se haga en un lugar tranquilo donde uno pueda sentarse sin ser molestado. Haga de la meditación parte de su rutina de autocuidado y pronto verá una reducción del estrés y la ansiedad, y una mayor conciencia de sí mismo y capacidad de atención.

**9.**

**aya a dar un paseo en auto o a pie**

Este método de autocuidado no requiere más que energía y tiempo. Elija cualquier punto de partida y simplemente camine o conduzca a partir de ahí sin ningún destino a la vista. Solo hay que explorar y seguir adelante. El propósito de este impulso es despejar tu mente y tener tiempo a solas contigo mismo, mientras experimentas el movimiento de moverte hacia adelante. Salir a caminar o manejar es conocido por ser emocionalmente sanador; te permite tener el control total de tu camino y destino, simplemente ir a donde quieras y dejar que tus pensamientos encuentren paz.

**10.**

**edecorar**

Una manera divertida de lograr el autocuidado es redecorando tu espacio. Esto podría estar en cualquier lugar que quieras. Podría ser su escritorio en el trabajo, su dormitorio, o incluso toda su casa. Redecorar puede ser increíblemente divertido ya que nos permite usar el lado creativo de nuestro cerebro - pero más que eso, también es un acto de recuperar nuestro espacio y practicar nuestro control sobre nuestro entorno. Haga elecciones estéticamente agradables y vea si puede reordenar sus pertenencias para la mayor comodidad posible. Organiza y decora tu espacio para que se convierta en tu santuario personal. Al final, usted debe sentirse cómodo, relajado e inspirado en su espacio recién decorado.

**11.**

**jercicio**

El ejercicio no es solo una manera de ver más crecimiento personal, sino también una excelente manera de cuidarse a sí mismo. Es importante que no te excedas y que no te agotes. Ya sea una caminata tranquila por el parque o una sesión intensa de pilates, el ejercicio asegura que su cuerpo permanezca fuerte y capaz. Muchas personas piensan que el ejercicio es tan difícil que posiblemente no sea autocuidado, pero esto es solo una señal de que lo necesitas más que nunca. El ejercicio nos permite reconectarnos con nuestra embarcación y estar más en sintonía con sus necesidades y habilidades. La fiebre de las endorfinas también significa que al instante te sentirás más positivo contigo mismo y con la vida en general.

**12.**

**ractique la gratitud**

Lo creas o no, se ha comprobado que practicar la gratitud hace a una persona más feliz. Al entrenar al cerebro para que note y esté agradecido por las cosas positivas de la vida, instantáneamente comenzamos a operar desde una mentalidad de abundancia. Esto mejora nuestro sentido de autoestima, nuestra capacidad de empatizar, e incluso mejora nuestra calidad de sueño. Para empezar a practicar la gratitud, busque un lugar donde pueda empezar a tomar notas sobre lo que está agradecido. Puede ser un diario de agradecimiento especial o puede estar en la aplicación Notas de su teléfono. Cada día haga una lista de tres cosas por las que está agradecido en su vida. Trate de ser lo más específico posible. Recuerde que estas no tienen que ser grandes partes de su vida, puede ser tan simple como el fantástico almuerzo que tuvo o una gran sesión de ejercicios. Solo asegúrese de que sea lo que sea, se sienta genuinamente agradecido por ello.

No se sienta intimidado por la idea del espacio personal. Es una oportunidad para que usted recalibre, recargar energía y haga lo necesario para mantener su propia fuerza interior. Es un tiempo para reconectarse con las actividades que disfruta y el propósito de su vida. Aprenda a no verlo como una separación de su pareja, sino como un poderoso combustible para una relación saludable.

## Capítulo 8: Sanando la codependencia para bien

### Un breve mensaje del Autor:

¡Hey! Hemos llegado al capítulo final del audiolibro y espero que lo hayan disfrutado hasta ahora.

Si aún no lo has hecho, estaría muy agradecido si pudieras tomarte un minuto para dejar una revisión rápida de Audible, ¡incluso si se trata de una o dos frases!

Muchos lectores y oyentes no saben lo difíciles que son las críticas y lo mucho que ayudan a un autor.

Para ello, solo tienes que hacer clic en los 3 puntos de la esquina superior derecha de la pantalla dentro de la aplicación Audible y pulsar el botón "Evaluar y Revisar".

A continuación, se le llevará a la página de "Evaluar y Revisar", donde podrá introducir su clasificación por estrellas y luego escribir una o dos frases.

¡Es así de simple!

Espero con interés leer su reseña, ya que yo personalmente leo cada una de ellas.

Estoy muy agradecido ya que su revisión realmente marca una diferencia para mí.

Ahora volvamos a la programación estipulada.

Hemos desglosado las personalidades de las parejas codependientes, resaltado los hábitos que hay que erradicar, así como los hábitos que hay que empezar a introducir en la vida, pero eso no es todo lo que se necesita para seguir adelante. Los impulsos que conducen a la codependencia son profundos. Debajo de los pequeños hábitos y prácticas hay algunas lecciones clave y muy esenciales. Las prácticas más pequeñas sin duda ayudarán a construir una dinámica diaria más saludable, pero sin absorber estas lecciones básicas, es posible que se encuentre con una recaída en el punto de partida. Durante períodos particularmente difíciles, siéntase libre de volver a este capítulo para recordar lo que es importante.

## Las lecciones que rompen la codependencia

- ### 1 "Amor Duro" es Necesario - Abrazarlo

No rehúyas la noción de amor duro. En pocas palabras, el amor duro es cuando le damos a nuestros seres queridos ciertos límites o restricciones con la intención de ayudarlos a crecer a largo plazo. Aunque no se den cuenta, el amor duro es para *su* beneficio. Para sanar la codependencia para bien, necesitas empezar a abrazar prácticas de amor duro. Esto significa decir que no y poner límites incluso cuando sientes lástima por ellos y quieres decir que sí. Los codependientes pueden tener problemas con la culpa al principio, por lo que es importante que cambie de mentalidad durante estos momentos. En lugar de centrarse en su reacción en el momento actual, piense en los beneficios que verán en el futuro. Piensa en las lecciones que esto les enseñará y cómo la vida les recompensará por ello si persisten. No se deje llevar por la incomodidad temporal y centre toda su atención en el crecimiento potencial de la situación. El amor duro es un tipo diferente de comportamiento amoroso, pero no es amar menos.

- ### as necesidades son herramientas, no enemigos

En las relaciones de codependencia, el facilitador tiende a ver sus necesidades como obstáculos. Después de todo, ¿cómo pueden atender las necesidades de sus parejas cuando las suyas se interponen en el camino? Para que los facilitadores continúen rompiendo sus patrones codependientes, necesitan dejar de ver sus necesidades como inconvenientes. Nuestros deseos y necesidades son herramientas. Nos hablan de nuestro estado de ánimo y de lo que necesitamos en nuestra vida para encontrar satisfacción. Nuestras necesidades nos dan la dirección que deseamos. Nos dice lo que necesitamos para crecer y lo que usted necesita para sostenerse emocional y psicológicamente. Las necesidades son, de hecho, herramientas e indicadores de crecimiento. No los rechaces o los impulsos se harán más fuertes. Nos volvemos infelices cuando ignoramos estos impulsos y tratamos de suprimirlos. Una necesidad significa una carencia y si no se controla, puede llevar a una especie de agotamiento emocional o mental. Sus necesidades son similares a la luz roja que se enciende cuando su auto comienza a necesitar más gasolina. Estas luces le hacen un favor al hacerle saber cuándo necesitan algo para seguir funcionando normalmente. Trate sus necesidades de la misma manera. ¡No deje que las luces rojas empiecen a parpadear!

- 

### ada cambia si usted no cambia

A estas alturas, es probable que ya se haya enfrentado a algunas verdades duras sobre su comportamiento y su relación. Es profundamente importante que no te detengas aquí. El conocimiento que usted necesita para cambiar no es suficiente por sí mismo para crear el cambio. Te sientes insatisfecho, insatisfecho, como si tu relación pudiera ser mucho mejor, y tienes razón - ahora haz algo al respecto. Use los sentimientos de insatisfacción como combustible para empezar a actuar. Su codependencia no sanará si no comienza a trabajar con su pareja para encontrar una dinámica más saludable. Si te encuentras volviendo a tus viejas costumbres, espera volver a tus viejos sentimientos de frustración. Si quieres algo mejor para tu relación, *sé* mejor.

- 

### l aferramiento y la obsesión no son lo mismo que el amor

Cuando usted está completamente envuelto en su pareja, puede ser fácil pensar que esta obsesión es equivalente al amor. Existe la idea errónea de que dar hasta que no te quede nada y fusionar tu identidad con la de tu pareja es lo que significa el verdadero amor, pero esto solo da como resultado la codependencia. Avanzando, trata de cambiar tu perspectiva de lo que significa el amor. Recuerda que el amor no se trata solo de cómo eres como una sola unidad, sino también de cómo la relación te afecta como individuo. ¿La relación le da poder para alcanzar sus propios sueños y metas? ¿O te hace sentir como si estuvieras renunciando al resto de tu vida? ¿La relación te recuerda quién eres realmente? ¿O erradica completamente tu identidad única? Piense en el amor en términos del futuro a largo plazo que estás construyendo con su pareja, no solo en lo gratificante que es instantáneamente. Trate de entender que el amor no se apodera de nuestra vida; ayuda a que el resto de nuestra vida florezca. Cuanto más se aferra a su pareja, menos tiempo y espacio hay para el resto de su vida. El amor verdadero se trata de dos personas enteras que se unen en todo su poder, no de dos mitades tratando desesperadamente de hacer un todo.

- **eje de sentirse derrotado por el rechazo**

Hay una razón por la que ambas parejas alimentan este ciclo de codependencia; tienen miedo de lo que pasaría si dejaran de hacerlo. El facilitador está preocupado, en cierto modo, por no ser útil y la pareja habilitado está preocupado por ser olvidado. Aunque ambos miembros de la pareja tienen diferentes maneras de sobrellevar la situación, ambos están tratando de asegurarse de que el otro miembro de la pareja los siga amando. ¿Por qué? Porque la idea de perder a su pareja codependiente es demasiado dolorosa. Desafortunadamente, este tipo de mentalidad puede ser contraproducente. Cuando se nos impulsa a actuar de cierta manera para salir de la profunda inseguridad que rodea a la pérdida y el rechazo, puede convertirse en una profecía que se cumple a sí misma. Por difícil que parezca, ambos miembros de la pareja necesitan aprender a estar de acuerdo con la posibilidad de no estar en su relación de codependencia. En otras palabras, necesitan sentirse cómodos con la idea de ser solteros. Cuando piensan en perder a su pareja, es normal que sientan una profunda tristeza, pero no deben sentir que su mundo se va a acabar. El sentirse cómodo con la idea no significa que usted quiera que suceda - simplemente significa que, si es correcta, usted la aceptará. Al final del día, el rechazo nos permite saber lo que es correcto para nosotros y lo que no lo es. En lugar de tratar de evitar el rechazo de su pareja a toda costa, aprenda a verlo como una forma de medir su compatibilidad. Si es rechazado después de hacer tu mejor esfuerzo, entonces no era para ti. Un día descubrirá lo que significa para usted y estará bien.

## ¿Qué hacer si...?

Estás tratando de romper una codependencia y eso es un gran problema. Surgirán muchos escenarios que los dejarán sintiéndose confundidos e inseguros de qué es lo correcto para la salud de su relación. La próxima vez que se encuentre "atascado", vuelva a esta página. Cuando se enfrenta a alguno de estos escenarios, esto es lo que debe hacer:

- 

### u pareja no está escuchando sus límites

Para cuando termine este libro, probablemente se sentirá motivado para esforzarse por lograr una relación más saludable. Desafortunadamente, usted no puede controlar cómo se siente su pareja. Es posible que él o ella no esté listo para hacer nuevos cambios. Una de las formas en que lo harán saber es negándose a acatar los límites que acabas de establecer. Si llega a un acuerdo para dividir las tareas, es posible que su pareja aún no haga su parte justa, dejándolo con la mayor parte del trabajo.

Antes de determinar la mejor manera de responder, responda a estas preguntas: ¿cuántas veces ha tenido que recordarle a su pareja los límites? ¿Cuántas huelgas ha habido? ¿Qué tan irrespetuoso te sientes? Su intuición es una manera fuerte de medir esta situación. Si usted siente que su pareja está haciendo lo mejor que puede, pero solo está luchando por dejar atrás los viejos hábitos, entonces sea firme con ellos. No te avergüences de mostrarles que estás enfadado o molesto. Deje claro que esto significa mucho para usted. Si usted se siente irrespetado y como su pareja realmente no está tratando, entonces reconsidere su participación en esta relación. Usted está haciendo todo lo posible y es justo que su pareja también lo intente. Usted está listo para una mejor relación y mientras su pareja esté atascada en sus viejas costumbres, ellos también le impedirán crecer. Te mereces algo mejor.

- **u pareja está exagerando sus dolencias como una forma de rebelarse contra sus nuevos límites.**

Usted ha tratado de establecer límites con su pareja y ellos han respondido exagerando su condición. Están haciendo todo lo posible para que parezcan más indefensos. Con suerte, ya sabes por qué. Quieren mantener el ciclo en marcha. Es probable que tengan miedo y estén nerviosos por el nuevo giro que está tomando su relación y quieren que usted empiece a comportarse como su antiguo yo.

Recuerde que a su pareja se le ha enseñado a equiparar la capacitación con el amor. Este cambio de comportamiento probablemente los está haciendo sentir inseguros, preguntándose cómo continuarán recibiendo amor de ti si ya no sientes la necesidad de ayudarlos. Trate de señalar este comportamiento, suavemente. Llama su atención sobre lo que están haciendo y explícales por qué se están comportando de esta manera. Puede que ni siquiera se den cuenta y que estén reaccionando puramente por inseguridad. Después de esto, continúen siendo firmes con sus límites, pero hagan un esfuerzo extra para mostrarles amor en formas que no fomenten la codependencia. Si les gusta recibir regalos, entrégueles flores o cualquier cosa que fomente un nuevo pasatiempo - pero todo el tiempo, no se arrepienta de hacerlos hacer sus quehaceres. Reemplazar el comportamiento codependiente con otro comportamiento amoroso.

●

**u pareja sospecha de usted cuando tiene espacio personal**

Dado que usted y su pareja están tan acostumbrados a pasar mucho tiempo juntos, puede resultar estresante una vez que finalmente agrega espacio personal a su vida diaria. Como una manera de sobrellevar la situación, su pareja puede incluso sospechar, creyendo que su comportamiento es causado por un motivo oculto más malicioso. Después de todo, están acostumbrados a ver el amor como sinónimo de tiempo juntos. Llevará tiempo ajustarse a esta nueva perspectiva y puede resultar en resistencia. Incluso pueden lanzar algunas acusaciones. Por ejemplo, pueden creer que la verdadera razón por la que usted quiere espacio es para hacer tiempo para hacer trampa o porque está tratando de romper con ellos de una manera amable. Estas son algunas de las muchas acusaciones que los facilitadores pueden escuchar.

Vea este comportamiento por lo que es. A su pareja le han enseñado que el amor significa aferrarse el uno al otro, así que naturalmente piensan que lo contrario significa que usted no se preocupa por ellos. Obviamente esto no es cierto, así que tómese el tiempo para tranquilizarlos suavemente. Recuérdeles que la razón por la que usted está tratando de cambiar es porque quiere asegurarse de que su relación tenga éxito. El espacio personal es una manera de asegurarse de que su relación sea saludable y segura, no desesperada y pegajosa. Busque maneras de tranquilizar a su pareja sin recurrir a un comportamiento codependiente. Al igual que en el escenario anterior, demuéstreles, amor de nuevas maneras, como comprarles un regalo de vez en cuando o escribirles una tarjeta sincera.

- **u pareja todavía no puede cuidar de sí misma, aunque usted les haya dado espacio.**

Como hemos establecido, la sobre ayuda quita la autonomía y el empoderamiento. Para ayudar a su pareja a reconectarse con su fuerza interior, es probable que usted les haya dado espacio para aprender a cuidar de sus propias necesidades. Este es un paso positivo, de su parte. Sin embargo, es posible que su pareja aún no pueda ayudarse a sí misma. Lo están intentando, pero están fallando. Son incompetentes, hacen las cosas mal todo el tiempo y, en general, no hacen un trabajo tan bueno como solías hacer.

En estos momentos, será tentador volver a su antiguo comportamiento. Verlos fallar hará que quieras ayudarlos nuevamente. Si realmente están luchando, está bien darles un poco de ayuda, pero aparte de esto, trate de mantenerse firme. De lo contrario, puede encontrarse regresando. Están luchando porque esto es nuevo para ellos. Usted ha tenido toda su vida para aprender a hacerlo de la manera correcta, pero ellos solo están aprendiendo ahora. Llevará algún tiempo. Espere que le lleve algún tiempo. Sea amable con ellos y haga lo que pueda para apoyarlos mientras aprenden, pero no haga el trabajo por ellos. Si su pareja tiene problemas para hacer su propia comida, cómpreles un libro de cocina nuevo o pague por una o dos lecciones de cocina - pero no se rinda y empiece a prepararles todos sus almuerzos de nuevo. Tenga paciencia y haga lo que pueda para fomentar el crecimiento.

- **a empezado a sentirse completamente inútil y sin valor.**

Hasta ahora, usted se las ha arreglado como el "arreglador" de su relación. Te acostumbraste a ayudar a tu pareja con cada cosa y a aliviar su dolor siempre que pudiste. Pero no olvidemos que no se trata solo de lo que su pareja recibe de usted; su satisfacción viene en forma de sentirse necesitado. Cuando sabes que estás ayudando a tu pareja, te sientes útil. Siente que está haciendo algo que importa. Romper con los hábitos de codependencia significa que estás tratando de no ayudar demasiado y este nuevo cambio ha hecho que se sienta un poco inútil. Esto puede incluso causar algo de depresión.

Recuérdese que usted *está* ayudando al dar un paso atrás. Al hacer esto, estás permitiendo que tu pareja aprenda sus lecciones y logre su propio crecimiento. Entiende que cuando no estás en una relación de codependencia, ayudar y ser útil se manifiesta en diferentes comportamientos. Estás acostumbrado a la forma codependiente de "ayudar", que es realmente habilitante. Cuando *realmente* ayudamos a alguien, hacemos lo que es mejor para él. Y en este caso, lo mejor para su pareja es *no* ayudarla en exceso. Reconozca que lo que realmente anhela es la gratificación instantánea que se obtiene al habilitar a su pareja. Al no obligarles a hacer nada, les permites hacer lo que les gusta en el momento. Esto puede parecer que es bueno para ellos, pero en realidad, es lo más alejado de ayudar. Recuerde esta distinción y resista la tentación de ayudar en exceso a toda costa.

## No Más Codependencia

Este viaje no siempre será fácil. De hecho, a veces usted luchará y sentirá que es demasiado difícil de manejar. Por supuesto que es difícil - después de todo, estás rompiendo los patrones de respuesta que han sido cableados en tu cerebro. Lo importante es que reconozcas la dificultad por lo que es. Es el crecimiento. Mantenga estas lecciones centrales en el centro de todas sus decisiones y pronto podrá decir con orgullo: "No, no soy codependiente".

# Conclusión

¡Felicitaciones por completar No más codependencia! Al llegar a esta página, usted ha dado grandes pasos hacia una dinámica de relaciones más sostenible y saludable. Esta es una noticia maravillosa, no solo para usted, sino también para su pareja. Has demostrado que estás realmente comprometido con un futuro más feliz con tu pareja y que estás dispuesto a hacer lo que sea necesario para dejar de ser codependiente. ¡Estás mucho más cerca del éxito de lo que cree! Si necesita más motivación, todo lo que tiene que hacer es volver a este libro. Todo lo que necesita está aquí.

Con suerte, este libro le ha dado el poder de seguir dando estos grandes y poderosos pasos. Es importante que recuerde que las relaciones de codependencia no son una sentencia de por vida; los entrenadores de relaciones y los psicólogos de todo el mundo están de acuerdo en que las codependencias pueden, de hecho, ser sanadas con el tiempo. Al adherirse a las útiles reglas y consejos de este libro, pronto verá su relación bajo una nueva luz. Será un individuo más feliz, más satisfecho y su relación florecerá a su vez. Lo que es importante es que continúe persistiendo y que siga siendo consciente de usted mismo.

Hemos cubierto los detalles en profundidad de la codependencia, identificando lo que realmente significa y lo que exactamente la hace diferente a la dependencia diaria de nuestros seres queridos. Es importante que usted reconozca esta distinción ya que no hay necesidad de eliminar todo su comportamiento dependiente - algo de esto es perfectamente normal. A estas alturas, ya sabes muy bien la diferencia entre los dos. El comportamiento codependiente no significa no depender nunca de nuestra pareja. Simplemente significa tener un nivel saludable de dependencia y saber quién eres sin tu pareja.

Antes de seguir adelante, es esencial que averigüe qué pareja codependiente es. ¿Es usted el habilitador o el habilitado? Trate de abordar esta cuestión sin negarlo. Hemos cubierto los antecedentes probables de cada pareja y es posible que te hayas visto en esas descripciones. Tal vez usted fue capaz de identificar la relación exacta en su infancia que le dio esta mentalidad codependiente. Ahora que ha terminado este libro, intente repasar esos recuerdos. ¿Qué relación temprana te enseñó a ser codependiente? Sumérjase profundamente en usted mismo y reconozca que esta relación temprana fue probablemente muy disfuncional. Tratar su relación de la misma manera solo resultará en las mismas disfunciones. No quieres eso, ¿verdad? Por supuesto que no.

Una vez que se comprometa a cambiar, tendrá que empezar a establecer algunos límites. Esto significa decir "no" y establecer algunas reglas cuando sea necesario. Significa transmitir a su pareja, de alguna manera, que usted ya no estará arreglando cada pequeña cosa que salga mal. Hacer esto puede ser difícil, especialmente porque no estás acostumbrado. Usted puede incluso tener sentimientos de culpa o incertidumbre sobre cómo hacerlos cumplir. Preste mucha atención a los consejos que hemos cubierto y pronto verá que los límites son completamente naturales. De repente te encontrarás con mucha más energía, ahora que ya no estás agotado por el sobreesfuerzo y por hacer más de lo que te corresponde.

Además de esto, también es importante que usted y su pareja trabajen para desarrollar su sentido de identidad. Esto puede significar desarrollar una autoestima y una autoconciencia más fuertes. Usando las afirmaciones y ejercicios en este libro, puede comenzar a volver a cablear su psique para producir pensamientos más positivos sobre usted. ¿Cómo puede aprovechar al máximo sus dones y cualidades positivas si nunca se da cuenta de que existen? Ya sea que te des cuenta o no, la autoestima es una gran parte de la sanación de la codependencia. Necesita reconocer que es usted una persona suficiente y maravillosa, incluso sin una pareja a su lado. Al crear un diálogo interno más positivo, ayudará a que su relación prospere.

Después de aprender sobre los límites y desarrollar la autoestima, te enfrentaste a grandes desafíos. Es decir, comportamiento destructivo. Con suerte, usted fue motivado e inspirado para finalmente eliminar estos hábitos dañinos de su vida. No puedes evolucionar si no te deshaces de los obstáculos. Una vez que haya identificado cuáles son estos obstáculos, puede trabajar duro para superarlos. Ahora que usted entiende el ciclo del abuso narcisista, es de esperar que pueda recuperarse de cualquier abuso que haya sufrido. Si estás en una relación con un narcisista, agárrate fuerte. Puede ser un viaje turbulento. Vuelva a la sección sobre el abuso narcisista y haga todo lo posible para promulgar los cambios que se mencionaron; de lo contrario, es posible que se encuentre atrapado en un ciclo que nunca termina. Recuerda esto: si no cambias, ¡nada cambiará!

Con nuevas estrategias de desprendimiento y ejercicios a su alcance, finalmente podrá descubrir la independencia. Permitan que esto se sienta liberador porque lo es. Diviértete con los desafíos y disfruta cómo se siente tener finalmente un espacio personal. A estas alturas, ya sabrá todo sobre la importancia del tiempo y el espacio personal. La próxima vez que te encuentres perdido sobre qué hacer contigo mismo, ten por seguro que tienes una lista sólida de ideas para qué hacer. Considere la posibilidad de participar en una actividad que promueva el crecimiento personal o que lo refresque a través del autocuidado. ¡Usted necesita ambos en igual medida!

Las lecciones básicas que son integrales para sanar la codependencia se han resumido en trozos del tamaño de un bocado. Vuelve al capítulo final, si alguna vez te encuentras vacilando.

Recuérdese de estas lecciones y asegúrese de que cada cambio que haga sea impulsado por ellas. Si surge un escenario difícil con su pareja, este capítulo también le dará ideas sobre qué hacer. Siempre hay una solución siempre y cuando ambas parejas estén comprometidas con el crecimiento. No dejen que el "habilitador" y "habilitado" definan su vida juntos. Explora tu individualidad, aprende a desprenderte de manera saludable y sumérgete en el amor durante toda tu vida (no solo en su relación). Muestre el mismo afecto que es capaz de dar a otra persona, y moverá montañas.

www.ingramcontent.com/pod-product-compliance
Lightning Source LLC
LaVergne TN
LVHW021338080526
838202LV00004B/219